Mark L. Brenner

# Positiv erziehen

# HERDER spektrum

Band 4783

Das Buch

Die Erfahrung vieler Eltern: Wenn sie laut und deutlich „nein" sagen, wenn es etwa im Supermarkt um den Schokoriegel geht, dann provoziert das oft genug einen Wut- und Trotzanfall. Oder es gibt, wenn die Kinder sich schon gut ausdrücken können, eine endlose Diskussion. Und zum Schluß steht Willen gegen Willen. Brenner zeigt an vielen Beispielen sehr praktisch und überzeugend, wie Eltern sich aus der Zwickmühle befreien können, entweder autoritär zu bestimmen oder wider besseren Wissens nachzugeben, um Geschrei zu vermeiden. Er zeigt, wie Kinder lernen, ihr eigenes Verhalten zu kontrollieren und nicht gleich außer sich zu geraten, wenn es mal nicht nach ihrem Willen geht. Das ist eine Fähigkeit, die sie auch im Kindergarten und später in der Schule gut gebrauchen können. Eltern können Alternativen bieten, die sie vorm Neinsagen bewahrt. Sie lassen sich dann nicht auf einen Machtkampf ein. Sie erziehen positiv und bleiben konsequent. Und wenn Eltern wirklich einmal ein deutliches Nein sagen müssen, dann sind solche Kinder eher bereit, darauf zu hören als diejenigen, die i… wieder nur das Nein hören. Der bessere Weg für Eltern und … nflikte zu lösen. Ein Buch mit vielen konkreten und er… lägen.

… nd Kindertherapeut. Er ist verhei-

Mark L. Brenner

# Positiv erziehen

## Konsequent bleiben, ohne autoritär zu sein

Aus dem Amerikanischen von Ulrike Raffel

Herder

Freiburg · Basel · Wien

Titel der amerikanischen Originalausgabe:
When „no" gets you nowhere. Teaching your toddler and child self-control, © 1997 by Mark L. Brenner, published by Prima Publishing, Rocklin CA, USA 1997

Gedruckt auf umweltfreundlichem, chlorfrei gebleichtem Papier

Deutsche Erstausgabe

2. Auflage


Herstellung Freiburger Graphische Betriebe 2000
Umschlaggestaltung und Konzeption:
R·M·E München / Roland Eschlbeck, Liana Tuchel
Umschlagmotiv: Photonica
ISBN 3-451-04783-7

# Inhalt

# Vorwort

Über 40 Jahre ist es nun her, daß die Schriften von Dr. Haim Ginott zum ersten Mal veröffentlicht wurden, und noch immer haben sie nichts von ihrer Aktualität und Gültigkeit verloren. Die Werke Ginotts über die Entwicklung des Kindes sowie seine Art zu kommunizieren sind ebenso prägnant wie einleuchtend. Er fragte nach den Ursprüngen der Beziehung zwischen Eltern und Kindern beziehungsweise zwischen Lehrern und Schülern. Seine Arbeiten zur Spiel- und Gruppentherapie geben Experten Orientierungshilfen und bieten Einsicht in Psychotherapien von Einzelpersonen oder Gruppen. So war der Tod von Haim Ginott am 4. November 1973 nicht nur ein großer Verlust für seine Familie und seine Patienten sondern ebenso für die gesamte Fachwelt. Seine Schriften aber werden noch so mancher Generation von Nutzen sein.

In seinen beiden früheren Werken „Zwischen Eltern und Kind" und „Zwischen Eltern und Teenager" (beide vor über 30 Jahren veröffentlicht) gelang es Ginott, die ganze Spannweite von zu erwartendem Verhalten sowie von möglichen Lösungen zu beschreiben, die vielen Eltern eine wichtige Anleitung für ihre Erziehung geworden ist.

Die Ursprünge von Verhalten überhaupt sowie die Natur des Menschen, stets alles verstehen zu wollen, sind nur schwer erklärbar. Und doch kommt jeder Mensch nach Abschluß dieser „Erkundungsphase" zu dem Punkt, wo er mit anderen Menschen sprechen möchte. Ginott hatte diese Notwendigkeit verstanden und widmete sein Leben dem

Studium der Strukturen, die der Kommunikation zwischen Erwachsenen und Kindern zugrundeliegen. Er beschrieb, was er als „unsinnige Muster von Verhalten" bezeichnete und entwickelte neue Ideen, wie diese zu bekämpfen wären.

Wie alle bahnbrechenden Forscher wird er uns als großer Pionier der Humanwissenschaften in Erinnerung bleiben. Unsere Kinder sind unsere letzte große Hoffnung für eine humane Welt. Ginotts Arbeit hat diese Hoffnung maßgeblich beeinflußt.

# Dank

Dank an meine Mutter, daß sie mich die wertvolle Lektion Vertrauen gelehrt hat und mich alle paar Jahre daran erinnert hat, daß ich schreiben und unterrichten sollte.

Dank an Lisa Weil für ihre ehrlichen Kommentare zu diesem Thema, für vierzehn Jahre engagierte Beiträge zu Grundschulerziehung, für loyale Freundschaft und ihren unerschütterlichen Glauben an dieses Projekt. An Cheryl Baer, für ihr unermüdliches Korrekturlesen und die immer frischen Einsichten, die sie dazu lieferte.

Ein spezieller Dank geht an Jeff Hieman für seine Ideen, seine Geduld und den Schnellkurs in „ClarisWorks". An Steve Cohen und Judah Klausner, die mir meine New York-Aufenthalte so angenehm machten. An Jack und Rae Gindi, die sich jederzeit für „die Kinder" eingesetzt haben. An Elie und Sharon Gindi, die uns Bilder geboten haben, die mehr wert sind, als sich mit Worten ausdrücken läßt. An Mel Gotlieb für seine weise Anleitung. An Joel Hecht für seine Mithilfe, diverse Ideen zu sortieren und auszuwerten. An meine Verlegerin, Georgia Hughes, die mir beigebracht hat, meine verschiedenen Absätze zu gliedern. An Bruce Finn, der schon damit beginnen wollte, dieses Buch zu verkaufen, als es noch ein Manuskript war. Und schließlich Dank an meine Familie für ihre Unterstützung und Hilfe während der Entstehung dieses Buches.

An Dr. Albert Pizzo von der *Childrens Neurological Clinic* und alle Eltern und Kinder, die mir die enormen Fähigkeiten und Fertigkeiten der menschlichen Entwicklung demonstriert haben.

Dank an meine Frau Penny für ihre nächtlichen Korrekturarbeiten und zahlreichen wertvollen Ratschläge. Ihre Hingabe an unsere Familie machte mir das Schreiben dieses Buch erst möglich.

Schließlich Dank an unseren dreijährigen Sohn Max, der mir jeden Tag aufs Neue eine neue Bedeutung für alles und jedes liefert!

# Einleitung

*Allen Pferden des Königs*
*und allen seinen Männern zusammen*
*gelang es nicht,*
*Humpty Dumpty wieder heil zu machen.*

Hilfe innerhalb von nur fünf Minuten, Wochenendworkshops und sogar „Ein-Minuten-Hilfen" – das sind die Versprechungen, mit denen selbsternannte Propheten der schnellen Hilfe werben. Die heutige Betrachtung von Familienkonflikten hat sich weit von ihren ursprünglichen Fragestellungen entfernt – wird aber zu diesen zurückkehren. Andererseits haben sich die Lebensstile der sich nach und nach neu herausgebildeten Familienstrukturen weit von der traditionellen Großfamilie entfernt. Und so öffnet sich heute ein weit komplexeres Umfeld, das es zu berücksichtigen gilt. Unglücklicherweise – aber durchaus verständlich – sind Eltern heutzutage weit mehr verunsichert, *wann* und vor allem *wie* sie ihren Kindern in den ersten Jahren der Entwicklung mit einem „Nein" begegnen sollen, als dies vermutlich in den letzten fünfundsiebzig Jahren der Fall war. Eltern machen die Erfahrung, daß es manchmal nicht genügt, einfach „liebende Eltern" zu sein. Dieses Buch zeigt Ihnen verschiedene Möglichkeiten „nein" zu sagen und Grenzen zu setzen, ohne dem Kind dabei jedoch die Chance zur Selbstkontrolle zu nehmen. Ich hoffe in diesem Zusammenhang, daß immer weniger Kinder es nötig haben werden, ihren Psychologen zu bitten: „Kannst du mich wieder heil machen?"

Als ich an diesem Buch schrieb, wandte sich eines Tages ein Freund mit einer Frage bezüglich seines kleinen Kindes an mich. „Donnerwetter, an dir ist ein Psychologe verloren gegangen", rief er aus, nachdem ich ihm eine Antwort gegeben hatte. Ich hatte ganz genau nachvollziehen können, was er gemeint hatte und wie er sich fühlte. Eine ganz ähnliche Erfahrung hatte ich selbst gemacht, als meine Frau und ich uns überlegten, unseren kleinen Sohn impfen zu lassen. Ich fragte damals einen meiner Bekannten um Rat, der sehr gut über das Thema Impfung bei Babys Bescheid wußte. Als er mir seine Einschätzung gegeben hatte, sagte ich: „Mensch, du hättest Arzt werden sollen!" Ich sehe zwischen diesen beiden Erfahrungen eine Parallele und bin inzwischen davon überzeugt, daß der eigene Instinkt, die richtigen Fragen zu stellen, schließlich zu den richtigen Antworten führen wird.

Allein die Tatsache, daß Sie daran denken, sich dieses Buch zu kaufen (oder es bereits getan haben) zeigt Ihr Interesse, die richtigen Fragen stellen zu wollen. Die Schlüsselfrage für die meisten Eltern ist: „Was kann ich tun, damit sich das Verhalten meines Kindes zum Positiven verändert?" Meistens begegne ich dieser Frage mit der Antwort: „Es ist weit weniger wichtig, Ihrem Kind eine glückliche Ehe oder – für den Fall, daß Sie alleinerziehend sind – einen ausgeglichenen, gesunden Elternteil vorzuführen. Viel wichtiger ist es zu erkennen, daß Ihr Kind frei sein darf, seine Gefühle ohne jede Wertung von außen ausdrücken zu können und diese Freiheit auch uneingeschränkt eingeräumt bekommt!" Mit einem „Nein" auf die Gefühle eines Kindes zu antworten, ist etwas ganz anderes, als mit einem „Nein" auf ein Fehlverhalten zu reagieren. So wie ein Impfstoff den menschlichen Körper immunisieren kann, kann die freie Entfaltung der Gefühle den menschlichen Geist immunisieren. Meiner Erfahrung nach glauben viele Eltern, daß das Verhalten ihrer Kinder unausstehlich und aggressiv werden würde, sobald sie ihnen erlaubten, alle ihre Gefühle frei auszuleben. Tatsächlich aber ist das Gegenteil der Fall.

> Meistens begegne ich dieser Frage mit der Antwort: „Es ist weit weniger wichtig, Ihrem Kind eine glückliche Ehe oder – für den Fall, daß Sie alleinerziehend sind – einen ausgeglichenen, gesunden Elternteil vorzuführen. Viel wichtiger ist es zu erkennen, daß Ihr Kind frei sein darf, seine Gefühle ohne jede Wertung von außen ausdrücken zu können und diese Freiheit auch uneingeschränkt eingeräumt bekommt!"

Was Kinder nicht artikulieren oder im Spiel ausdrücken können oder dürfen, das werden sie früher oder später durch ihr Verhalten zum Ausdruck bringen. Gefühle sind für die Entwicklung eines Kindes von zentraler Bedeutung.

Wenn Sie sich bemühen, die Gefühle Ihres Kindes wirklich zu respektieren (auch wenn Ihnen nicht immer gefällt, wie diese Gefühle ausgedrückt werden), wird es öfter auf Sie hören und sich auch eher an das, was Sie ihm sagen, halten. Auf der anderen Seite darf allerdings nicht vergessen werden, daß auch Eltern Gefühle haben, die sie in geeigneten Momenten zeigen sollten. Auch dies ist letztlich ein Weg, um Kindern deutlich zu machen, daß es möglich ist Emotionen zur rechten Zeit auszuleben. Versucht ein Kind immer wieder, Grenzen zu überschreiten, sollten sich Eltern jederzeit das Recht nehmen können, ihrerseits dem eigenen Ärger Luft zu machen: „Peter, Papa ist böse! (Pause) Du hast mit dem Kuli das ganze Sofa verschmiert. Ich bin sehr, sehr ärgerlich. Du weißt doch, daß man mit dem Stift nur auf Papier malen soll. Das macht mich wirklich ziemlich sauer!" Lassen Sie das Kind die emotionalen Konsequenzen spüren. Achten Sie allerdings auch darauf, Ihr Kind niemals zu erniedrigen oder zu demütigen, wenn Sie Ihren Ärger herauslassen. Indem Sie Ihren Ärger durch Ihre Gefühle ausdrücken, wird das Kind angeregt zu lernen, auf das eigene Gewissen zu hören, und es lernt, wie es die eigenen Gefühle lenken kann. Das ist eine wirklich unschlagbare Lektion.

> Genauso wie es einen Unterschied zwischen körperlicher Fitneß und körperlicher Gesundheit gibt, gibt es auch einen Unterschied zwischen „liebenden Eltern" und „gesunden Eltern".

Die meisten Fachleute der Kinderpsychologie sind sich heutzutage darin einig, daß es wichtiger sei, die aktuellen Tendenzen der Gesellschaft zu berücksichtigen und sich auf das zu konzentrieren, was als *normales Verhalten* gilt, als sich dem *gesunden Verhalten* zu widmen. Ich dagegen war schon immer der Meinung, daß es – ebenso wie es einen Unterschied zwischen physischer Fitneß und physischer Gesundheit gibt – auch einen Unterschied zwischen „liebenden Eltern" und „gesunden Eltern" gibt.

*„Positiv erziehen"* zeigt neue Wege auf, wie Sie „nein" sagen und gleichzeitig dazu beitragen können, Vertrauen und Selbstkontrolle Ihres Kindes aufzubauen. Dies ist allerdings kein Buch, das das hohe Lied der Nachgiebigkeit anstimmen will; es ist vielmehr ein Buch über die richtige Wahl: Untersucht wird die unterschiedliche Wirkung auf Kinder, denen mit einem „Nein" begegnet wird und solchen, die mit entsprechend verneinenden Gesten der Eltern (durch das Anheben, Ergreifen oder Entfernen von Gegenständen) konfrontiert werden. Es zeigt sich, daß in den meisten Fällen, in denen wir „nein" sagen, zwei wichtige Lektionen mitgelernt werden: Es geht um das Vertrauen

zwischen Eltern und Kindern und um die Möglichkeit für die Kinder, sich selbst zu bremsen, bevor sie mit Konsequenzen für ihr Tun rechnen müssen.

Dies mag sich vielleicht wie ein Freibrief zu Verwöhnung anhören – doch gerade das Gegenteil ist der Fall, wie Sie bald feststellen werden. Grundsätzlich gibt es drei Kategorien, bei denen es zu einem „Nein" kommen kann: entweder bei Gefahr, um einem bestimmten Fehlverhalten ein Ende zu setzten oder um eine Anfrage abzulehnen. Möchten Sie sich nun sofort über die Sieben-Schritte-Methode des „Neinsagens" informieren, blättern Sie von hier aus zu Kapitel Sieben. Wollen Sie aber die Prinzipien dieser Methode und die Gründe, warum sie funktioniert, verstehen, sollten Sie das Buch von Anfang an lesen.

## Entwicklungsstufen

*Die ersten fünf Jahre bestimmen unser Leben.* Das heißt, die Prägung dieser frühen Jahre wirkt sich das ganze Leben lang auf unser Verhalten aus. Aus dieser Perspektive betrachtet, wird deutlich, welch große Verantwortung Eltern tragen, wenn sie ihren Kindern dabei helfen wollen, ihre emotionalen Verhaltensmuster zu bilden. Denn dies sind schließlich die Verhaltensmuster, mit denen die Kinder ein Leben lang werden umgehen müssen. Um diesen Prozeß also tatkräftig zu unterstützen, ist es für Eltern wichtig, herauszufinden, auf welcher Entwicklungsstufe ihr Kind sich gerade befindet. Dies macht es den Eltern leichter, das Ziehen von Grenzen und das „Neinsagen" jeweils dem Niveau des kindlichen Verhaltens anzupassen. Es gibt in der Erziehung weit mehr zu beachten, als die richtige Art „nein" zu sagen!

Im Gegensatz zu vielen populären Büchern von heute, denen es hauptsächlich darum geht, zu zeigen, womit in den ersten Jahren in der Kindererziehung zu rechnen ist, konzentriert sich dieses Buch darauf, herauszustreichen was passiert, wenn ein „Nein" keine Wirkung mehr zeigt – und dies speziell in diesen drei Entwicklungsstufen: Kinder bis ca. drei Jahre, Kinder im Kindergartenalter (drei bis fünf Jahre) und Kinder ab sechs Jahren. Wenn Sie begonnen haben, die Beziehung zu Ihrem Kind aufmerksamer zu beobachten, werden Sie feststellen, daß allein das Wissen, wie und wann man „nein" sagen kann, das Bedürfnis Ihres Kindes, seine Launen und Wutanfälle auszuspielen, erheblich reduzieren wird. Sie werden lernen, wie dieses Verhalten, das man gemeinhin als „normal" oder als „nur eine Phase" bezeichnet, abgekürzt werden kann.

Es ist nicht ungewöhnlich, daß sich Eltern nach zahlreichen nervenaufreibenden Versuchen, das konstante Fehlverhalten ihres Sprößlings zu korrigieren, für ihr Problem schließlich professionelle Hilfe suchen. Obwohl die Kinderpsychologie ihre Mittel und Wege zur Einflußnahme auf Verhaltensänderung lange Zeit für sich behalten hat, dringen ihre Methoden nun doch langsam bis zur Ebene der Eltern-Kind-Erziehung durch. Neuere Forschungen haben ergeben, daß die Eltern sich in der *idealen Position* befinden, um Veränderungen herbeizuführen – wenn ihnen die nötigen „Mittel" und Kommunikationsprinzipien zur Verfügung stehen. Bereits nach relativ kurzer Zeit sind sie in der Lage, Muster von Problemverhalten aufzubrechen – Aufgaben, die sonst nur Spezialisten hätten leisten können.

## *Erstes Kapitel: Was Sie über das „Neinsagen" wissen sollten*

Für Babys und Kleinkinder bedeutet das Wörtchen „Nein" nicht immer einfach nur „Stop! Aufhören!" Dieses kleine Wort bringt gewaltige emotionale Konsequenzen mit sich. Die meisten Wörter, die zu oft angewandt oder überstrapaziert werden, verlieren über kurz oder lang ihren Schrecken. Anders ist es allerdings bei dem Wörtchen „Nein"! Seine Bedeutung erhöht sich vielmehr mit der Zeit und wird für das Kind immer deutlicher und allgegenwärtiger, je öfter es damit konfrontiert wird. Es ist ein ganz einfaches Wort, das aber mit den unterschiedlichsten und unterschwelligen Bedeutungen behaftet ist und dem das Kind auch außerhalb seines Zuhause immer wieder begegnen wird – von Kindergarten zu Schule und schließlich in jedem Bereich seines Lebens.

Der menschliche Wettbewerbs- und Konkurrenzgeist, Familienkonflikte sowie massiver Druck der Gruppe von Gleichaltrigen umgeben das Kind mit weiteren versteckten Botschaften von „Nein, *du* kannst nicht – aber ich kann!". Dies soll kein Buch über Selbstachtung oder die Wirkung des „Neinsagens" auf das Selbstwertgefühl des Kindes sein; ebensowenig ist es ein Ratgeber über Selbstdisziplin. Es ist vielmehr ein Buch, das dabei helfen will, kleineren und größeren Kindern beizubringen, ihr eigenes inneres System der Selbstkontrolle aufzubauen, indem wir Erwachsenen den richtigen Weg des „Neinsagens" wählen – und, was vielleicht noch wichtiger ist – indem wir in angemessener Form auf ihr Fehlverhalten reagieren.

Ein sehr wichtiger Aspekt in diesem Lernprozeß des Kindes ist die Kombination dessen, was sie an Verhalten bei uns Erwachsenen sehen können und welche Worte sie von uns vernehmen. Würden wir das Wort „Nein" lediglich in Situationen gebrauchen, in denen wir ein Kind vor einer gefährlichen Situation bewahren wollen, wäre dieses Buch unnötig. Der Psychologe E. Lee Vincent hat einmal gesagt, daß Eltern ihre Kinder auf eine Art und Weise zur Disziplin erziehen sollten, die „das Verhalten der Kinder in eine bestimmte Richtung lenkt, ohne sie jedoch als Menschen dabei anzugreifen oder zu verletzen".

Eltern sollten ihre Kinder auf eine Art und Weise zur Disziplin erziehen, die „das Verhalten der Kinder in eine bestimmte Richtung lenkt, ohne sie jedoch als Menschen dabei anzugreifen oder zu verletzen".

Achten Sie einmal darauf, wie oft am Tag jemand Ihrem Kind gegenüber ein „Nein" äußert. Achten Sie dabei auf die feinen Nuancen, die ein „Nein, das ist falsch!" oder ein „Nein, das darfst du nicht!" enthalten. Viele Eltern greifen ganz unabsichtlich viel zu früh in das Spiel oder den Entdeckungsdrang ihrer Kinder ein, indem sie ihnen einen besseren oder schnelleren Weg, wie etwas zu tun ist, zeigen. (Der Kinderpsychologe Stanley Greenspan hat dies explizit gezeigt.) Für ein kleines Kind, das von sich aus noch nicht um Hilfe gebeten hat (sei es durch offensichtliche Frustration oder durch Hindeuten), wirkt dieses Eingreifen als das Signal „Nein, du machst das falsch; jetzt laß mich mal machen". Selbst wenn der Elternteil das Spielzeug in die Hand nimmt und dem Kind damit den effektiveren Umgang demonstriert, empfindet das Kind diesen Eingriff als Strafe und ist verwirrt über die unfaire Kontrolle, der es unterworfen ist. Es gibt offenbar einen großen Unterschied zwischen gegenseitiger Interaktion und Unterbrechung!

Ein Beispiel von vorzeitiger Unterbrechung sei an dem kleinen, achtzehn Monate alten Stefan verdeutlicht, der gerade dabei war, ein neues, elektronisches Spielzeug auszuprobieren, das Geräusche und Orte einander zuordnete (einen Zoo, einen Ozean etc.). Stefan war auf seine tolpatschige durchaus altersgemäße Art durchaus in der Lage, den Knopf zu drücken und sich die darauf ertönenden Laute anzuhören – seine Mutter aber war mit seinen Bemühungen nicht ganz zufrieden. Sie wollte, daß er die richtigen Töne auch gleich den richtigen Orten zuordnen sollte, damit er wirklich etwas lernte. Die Aufmerksamkeit der Mutter galt also weit mehr der Tatsache, daß Stefan das Spielzeug nicht „richtig" nutzte, als daß sie den Lernprozeß ihres Sohnes bemerkte, seine Freude am Drücken der Knöpfe, dem Lauschen auf die Geräusche und dem Beobachten des sich bewegenden Spielzeugs. Sehr bald entwickelte sich die Kontrolle über das elektronische Spielzeug zu einer Art Symbol für die Machtkämpfe bei der täglichen Routine wie Wickeln, Umziehen und Füttern. Es war, als sagte der Kleine: „Wenn mich meine Mutter nicht zumindest bei meinen Spielsachen eine Zeit lang ‚Chef' sein läßt, dann werde ich eben in anderen Bereichen ‚Chef' sein."

Dies ist ein Beispiel für eine Situation, in der das Kleinkind das Wort „Nein" nicht wirklich zu hören bekommt, es aber durch das Verhalten und das tätliche Eingreifen spürt. Das heißt natürlich nicht, daß Sie jedesmal, wenn Sie etwas zu früh in das Spiel Ihres Kindes eingreifen, einen Schaden anrichten. Das ist nicht der Fall! Ebensowenig heißt es, daß Ihr Kind ohne die Fähigkeit zu teilen oder mit anderen Kindern spielen zu können aufwachsen wird. Dennoch wird gehäufte und kontinuierliche Einmischung der Eltern während der kindlichen Aktivitäten schließlich zu größeren Eltern-Kind-Konflikten im täglichen Umgang führen. Mit anderen Worten: Sie werden früher oder später die Rechnung präsentiert bekommen.

Es ist nicht zufällig, daß Kleinkinder eine recht heftige „Neinsag-Phase" durchmachen, die die Intensität und Dauer, mit der wir ihnen gegenüber „nein" sagen, gleichsam widerspiegelt. Oftmals haben Eltern Angst davor, in manchen Situationen unangemessen auf ihr Kind zu reagieren und so womöglich negative psychologische Folgen heraufzubeschwören. Noch häufiger kommt es allerdings vor, daß diese Konsequenzen mit der Zeit verblassen, die Handlungen der Eltern in Vergessenheit geraten und das Kind seinen Weg im Leben bewältigt. Kommt es zu einer solch positiven Entwicklung, mag der eine oder andere vielleicht versucht sein zu sagen: „Na bitte, dann spielen diese Dinge also doch gar keine so große Rolle."

An dieser Stelle erinnere ich mich an die Geschichte des kleinen Robert, eines vier Jahre alten Jungen, der aus einem recht unerfreulichen heimischen Umfeld kam, in dem er dem ständigen Bombardement herablassender und erniedrigender Kritik seiner Eltern ausgesetzt war. Für Robert war mit einem „Nein" zurechtgewiesen zu werden genauso an der Tagesordnung wie die permanente Rebellion des Jungen gegen die Eltern und die ganze Welt. Seine Eltern gingen mit ihm in einer Art und Weise um, daß er sich ständig als zu dumm und unselbständig empfinden mußte. So benutzten sie zum Beispiel Sätze wie: „Nein Robert, stell den Staubsauger wieder weg, du machst ihn noch kaputt." oder „Stell das Geschirr jetzt hin, Robert, du wirst es noch fallen lassen." Die Wutausbrüche des Jungen nahmen mit der Zeit an Häufigkeit und Lautstärke zu. Auch als Erwachsener hat er später nie richtig gelernt, seine Gefühle unter Kontrolle zu bringen. Dennoch ist Robert im Alter von vierundvierzig Jahren ein erfolgreicher Verleger und Vorgesetzter von mehreren hundert Leuten geworden.

Im Laufe der menschlichen Entwicklung und Reife lernen viele Menschen, eine praktisch unbegrenzte Menge ihrer emotionalen Unsicherheiten mit äußerst cleveren Taktiken zu kompensieren. Auch wenn viele Leute große Erfolge mit dieser Methode erzielen, können sie andererseits doch auch unter großen Problemen zu leiden haben. Ich war schon immer davon überzeugt, daß es manchmal leichter ist, ein Problemfeld direkt anzugehen, als über es hinwegzusehen. Manchmal mögen solche Verdrängungsmechanismen und der geheimnisvolle Nimbus des Erfolgs die ursprünglich eher unvorteilhaften Persönlichkeitsstrukturen gerade in ihr Gegenteil verkehren und später gar zu Symbolen des Erfolgs und nachahmenswerten Modellen werden. Weit öfter aber tritt der Fall ein, daß Erwachsene keinen Weg aus ihren Verhaltensweisen, keine Befreiung aus ihrem Leid finden und ihr Leben lang unfähig bleiben, ihr volles Potential zu entfalten.

Ich habe bisher bewußt darauf verzichtet, Alternativausdrücke zu dem Wort „Nein" einzuführen. Für mich steht das Wörtchen „Nein" auch mehr für ein bestimmtes Konzept als nur für ein Wort. Das Wort für sich allein genommen ist einschränkend; und so geht es darum, Wege zu finden, die die Bedeutung und die Konnotationen dieses Wortes erweitern und näher bestimmen. Es gibt kein Wort, das immer funktioniert, wenn man es ständig wiederholt. Was dagegen immer funktioniert, ist die Einsicht in die Prinzipien, die hinter den erfolglosen Zurechtweisungen durch das Wort „Nein" gelten.

Eines dieser Prinzipien ist das, Ihrem Kind die Möglichkeit einzuräumen, richtig zu handeln, statt es nur abrupt in seinem Fehlverhalten zu stoppen (etwas anderes ist es natürlich, wenn es darum geht, das Kind vor einer gefährlichen Situation zu bewahren). So kann man zu einem zweijährigen Kind, das gerade dabei ist, Kartoffelchips über den ganzen Fußboden zu verstreuen oder alle möglichen Dinge aus Mamas Handtasche zu kramen, auf eine ruhige und respektvolle Art sagen: „Wie ich sehe, möchtest du die Kartoffelchips auf den Fußboden streuen. Die Chips gehören aber in die Tüte. Und ich weiß, daß du das weißt." Diese Sätze sollten ausgesprochen werden, *bevor* dem Kind die Chipstüte aus der Hand genommen wird und bevor man ihm dabei hilft, die Chips wieder einzusammeln. Das gibt dem Kind Zeit zu *verstehen* und dann *entsprechend zu handeln.* Allerdings müssen Verhaltensweisen, mit denen sich das Kind gefährdet, oder wenn es etwa um sich schlägt, augenblicklich gestoppt werden.

Selbstverständlich ist es höchst unwahrscheinlich, daß ein zweijähriges Kind die Tüte Chips oder die Handtasche sofort an die Eltern aushändigt. Und doch bieten Eltern durch ihr Auftreten, den Stil und die Art, wie sie ihre Anweisungen geben, wo etwas hingehört, dem Kind die Chance, über das eigene Verhalten nachzudenken. Dies wiederum führt dazu, daß der Konflikt zwischen Eltern und Kind nicht mehr länger im Vordergrund steht.

Mit der Zeit – und einem ausreichenden Maß an Geduld – werden Kleinkinder lernen, sich durch diesen respektvollen Umgang selbst zu kontrollieren. Eltern sollten allerdings stets eine realistische Zeitspanne im Auge behalten, die ein so kleines Kind braucht, um sich selbst zu zügeln. Setzen wir unsere Erwartungen am Anfang nicht zu hoch an, werden uns unsere immer wiederkehrenden Ermahnungen auch nicht zu sehr langweilen, und wir empfinden sie nicht als unangemessen. Manchmal werden Sie vielleicht bei sich denken „Dies ist aber wirklich das letzte Mal". Es gilt, den Kindern niemals mehr Grund zur Rebellion zu geben, als dies ihrem jeweiligen, natürlichen Bedürfnis für Unabhängigkeit entspricht. Wenn Eltern konkrete Grenzen setzten und diese ohne Zuhilfenahme von Angriffen auf die Persönlichkeit artikulieren, wird sich ein kleines Kind eher früher als später immer häufiger an die Regeln halten. Diese Prinzipien werden ihrem Kleinkind viel eher dazu verhelfen, Ihren Worten zu gehorchen, als wenn es sich Szenen ausgeliefert fühlt, in denen ihm einfach ein Gegenstand aus der Hand gerissen wird oder in denen es sich durch Sätze wie den folgenden angegriffen fühlt: „Hör sofort damit auf!" oder „Henry, wie oft muß ich dir das noch sagen?" Grundsätzlich suchen die meisten kleinen und auch größeren Kinder nach beidem – nach Anerkennung ihrer Gefühle und nach klaren Anweisungen zur Problemlösung.

## *Warum „Neinsagen" nicht funktioniert*

Ein wichtiger Grund, warum das Aussprechen des Wortes „Nein" oft nichts bewirkt, ist der, daß das Fehlverhalten oder die Ungehorsamkeit eines Kindes sich aus zwei Teilen zusammensetzt; der eine ist die tatsächliche Handlung, der andere aber die Gefühle, die dahinterstecken. Die Kinderpsychologin Dorothy Baruch drückt das wie folgt aus: „Die Gefühle eines Kindes sind die *Ursache* und seine Handlungen die *Wirkung*." Dies sollten wir also immer berücksichtigen, wenn wir uns daranmachen, unser Verständnis von unserem Kind und seinem Verhalten zu ändern.

Oft konzentrieren sich Eltern im täglichen Umgang mit ihren Kindern ausschließlich auf deren Fehlverhalten und ignorieren dabei vollkommen die kindlichen Gefühle: „Peter, ich warne dich. Hör jetzt sofort damit auf!" oder „Es ist mir egal, daß du sauer bist. Du hast trotzdem zu gehen." Im Gegensatz dazu stellen Eltern, die die Gefühle ihrer Kinder nicht übergehen wollen, öfter Fragen wie: „Warum bist du so gemein zu deinem Bruder/deiner Schwester?" Auch wenn es natürlich löblich von den Eltern ist, dem Ärger ihrer Kinder auf den Grund gehen zu wollen, kann man von einem sehr kleinen Kind – selbst von einem fünfjährigen – nicht erwarten, daß es antwortet: „Weißt du Mami, ich glaube das ist ein ganz klarer Fall von Geschwisterrivalität." Eine bessere Entgegnung der Eltern ist also beispielsweise: „Peter, ich merke, daß du sehr böse auf deinen Bruder bist. Du willst deine Spielsachen gerade nicht mit ihm teilen, und es macht dich wütend, wenn er sie sich einfach nimmt." In diesem Fall würden die kindlichen Gefühle berücksichtigt und die „Notwendigkeit" des Jungen, gemein zu sein, unnötig gemacht. Allein dadurch, daß die Gefühle ausgesprochen werden, ohne damit eine persönliche Wertung zu verknüpfen, wird den Prozeß der Disziplinierung erleichtern. Einfacher ausgedrückt: „negative Gefühle" erzeugen „negative Handlungen". Um es noch einmal zu sagen: Dieses Buch konzentriert sich nicht auf das, was ein Kind schwierig oder „böse" macht, sondern darauf, was es besser macht! Das ist auch der Grund, warum wir Kinder eben *nicht schlagen*, wenn wir wollen, daß sie mit dem Schlagen aufhören; wir schreien eben *nicht* mit ihnen, wenn wir wollen, daß sie aufhören zu schreien und wir betiteln sie *nicht* mit Schimpfwörtern, wenn wir sie dazu bringen wollen, anderen Leuten gegenüber keine Schimpfwörter zu gebrauchen!

### *Warum sagen wir manchmal so schnell „nein"?*

Es gibt nicht viele Dinge, die nur eine Minute in Anspruch nehmen. Richtig „nein" zu sagen braucht seine Zeit! Es ist wichtig, sowohl der elterlichen Erklärung, als auch der kindlichen Reaktion auf die erfahrene Enttäuschung genügend Raum zu lassen (wobei Eltern wiederum das kindliche Bedürfnis aufzubegehren akzeptieren müssen). Es ist ganz wichtig, dem Kind die Zeit zu geben, zunächst einmal über die Stränge schlagen zu dürfen, bevor Sie eingreifen. Allzu oft kommen Eltern einem potentiellen Fehlverhalten ihres Kindes schon zuvor indem sie etwa sagen: „He, he, he ... Carol, denk dran – ich beobachte dich!" Sie vermitteln Ihrem Kind damit das Gefühl, daß Sie schon von ihm erwarten, daß es sich nicht richtig verhalten wird, und daß Sie keinerlei Vertrauen in seine Fähigkeiten und Selbstkontrolle haben.

„Nein" zu sagen kann eine Minute lang dauern oder auch einmal fünfzehn Minuten in Anspruch nehmen. Die Kombination der oben beschriebenen Interaktionen zwischen Eltern und Kindern ist die Grundlage des gegenseitigen Vertrauens und fördert das kindliche Bedürfnis, sich an vorgegebene Regeln zu halten.

Die meisten Eltern meinen es nur gut, wenn sie ihren kleinen und größeren Kindern mit einem „Nein" begegnen. So sind die üblichen Entgegnungen einiger Eltern, die ihre Kinder viel zu früh mit knappen „Nein-Kommandos" konfrontieren: „Ich will ihnen klarmachen, daß es gewisse Grenzen gibt." „Ich will sie nicht verwöhnen." Oder auch „Ich will sie vor Gefahren schützen." Das sind ohne Zweifel alles Gründe, die sich rechtfertigen lassen. Doch wichtig ist das Wissen, warum es richtig ist einzugreifen. Es kommt nämlich immer auf den richtigen Zeitpunkt an. Nach und nach wird dies bei Ihrem Kind dazu führen, daß es Ihnen vertraut, auf Sie hört und entsprechend auf Ihre „Anweisungen" reagiert.

Das Wort „Nein" und die Herausbildung von Vertrauen stehen in direktem Zusammenhang miteinander. Es gibt Zeiten, in denen es richtig ist einzugreifen, andere, in denen es gilt, zu interagieren und wieder andere, da Eltern nur beobachten sollten. Noch immer gibt es Eltern, die wie im Affekt „nein" sagen, ohne darüber nachgedacht zu haben. Sie tun das aus den verschiedensten Gründen:

1. Die Mutter oder der Vater ist gerade zu müde oder möchte sich mit etwas anderem beschäftigen und ignoriert die Fragen des Kindes und seine Neugier einfach.

2. Die Eltern haben keine Geduld, der eigentlichen Ursache des kindlichen Verhaltens auf den Grund zu gehen. „Kinder drücken sich in bestimmten ‚Codes', aus", erklärt der Kinderpsychologe Haim Ginott. Auch wenn sie durchaus in der Lage sind, eine Sache verbal auszudrücken, können ihre inneren Gefühle oft völlig anders aussehen.
3. Allzu oft sind es auch die eigenen Frustrationen der Eltern, die zu einem zu frühen Eingreifen führen. Ein Grund für diese „Selbstermächtigung" der Eltern ist der, daß sie ihrerseits von ihren Eltern überdiszipliniert oder zu sehr beschützt wurden. Meistens sind die Reaktionen dieser Eltern ganz automatisch. Oft hört man gerade von solchen Müttern und Vätern den Satz: „Ich kann das gar nicht glauben! Ich rede mit meinem Kind genauso, wie meine Eltern mit mir geredet haben, und behandle es auch genauso."

---

***Ein Kleinkind wird viel schneller Selbstkontrolle erlernen, wenn seine Eltern sie ihm vorleben.***

---

# Zweites Kapitel: Zu frühes „Neinsagen“

Das Wörtchen „Nein“ dürfte wohl das am meisten überstrapazierte und negativ verwendete Wort des elterlichen Wortschatzes sein. Einige Eltern benutzen es nahezu vom ersten Tag an und halten es für „das Wort“ schlechthin – das einzige Wort, das bei Kindern überhaupt noch Wirkung zeigt. Sie tragen das Wort wie eine Waffe bei sich; fühlen sich damit stark, zuversichtlich und allzeit sicher.

„*Nein*, steck das nicht in den Mund.“
„*Nein*, faß das nicht an.“
„*Nein*, geh da nicht zu nah heran.“
„*Nein*, das ist nicht für dich.“

Eltern sollten sich dessen bewußt sein, daß das Wort „Nein“, wenn es Kindern gegenüber zu häufig und zu schnell ausgesprochen wird, sehr wenig oder sogar überhaupt keinen positiven Wert für deren Entwicklung hat. In der Tat kann es im Laufe der Zeit sogar dazu führen, Kindern ihren Enthusiasmus und ihre Neugier zu nehmen. Wenn es darum geht, ein Kind davor zu bewahren, einem gefährlichen Gegenstand zu nahe zu kommen oder vor einer gefährlichen Situation zu schützen, ist es das Beste, das Kind einfach aufzuheben und dahin zu setzten, wo es sicherer ist. Machen Sie aus einem kurzen Augenblick kein Drama! Behalten Sie einfach im Auge, was Ihr Kind gerade sieht, und lenken Sie dann in aller Ruhe seine Aufmerksamkeit in eine andere Richtung, wenn Sie eine Gefahr abwenden wollen. „Betty will Papis Golfschuhe anfassen, nicht wahr? Sie sieht die glänzenden spitzen Sohlen."

Mit einem „Nein" dazwischenzufahren oder es laut zu rufen kann kleine Kinder verwirren oder gar erschrecken – sind sie doch noch nicht in der Lage, das Hören des Wortes „Nein" als eine Reaktion auf ihr eigenes Verhalten zu deuten. Auch wenn manche Eltern dieses kindliche Unverständnis voraussehen, so fühlen sie sich dennoch veranlaßt, das Wort „Nein" zu benutzen. Um der Entwicklung ihres Kindes stärkere Impulse zu geben, sollten Eltern jedoch die ungebremste Neugier und Wißbegier ihrer Kinder eher fördern, statt sie zu unterdrücken. Für Kinder ist es der erste Ausdruck ihrer Selbstmotivation, wenn sie anfangen, von sich aus in eine bestimmte Richtung zu krabbeln. Eltern sollten auf diese Situation vorbereitet sein und dieser Entwicklung Raum geben, bevor sie ihren Kindern das Wort „Nein" und seine Bedeutung vermitteln.

Für Kinder ist es der erste Ausdruck ihrer Selbstmotivation, wenn sie anfangen, von sich aus in eine bestimmte Richtung zu krabbeln. Eltern sollten auf diese Situation vorbereitet sein und dieser Entwicklung Raum geben, bevor sie ihren Kindern das Wort „Nein" und seine Bedeutung vermitteln.

Andererseits gilt es auch zu bedenken, daß Kleinkinder auf das Wort „Nein" anders reagieren als wir Erwachsene. Sie erschrecken nicht – sondern fühlen sich vielmehr herausgefordert! Je besser Ihr Kind aber lernt, Ihnen zu vertrauen, und je besser es begreift, worauf Sie mit einem „Nein" reagieren, desto geringer wird sein Drang werden, Sie herauszufordern. Anstatt einfach nur „nein" zu sagen, sollte man einem Kleinkind die Situation erklären, ohne seine Persönlichkeit anzugreifen oder eine Wertung abzugeben: „Michael, der Löffel gehört auf den Tisch" oder „Peter, das ist eine Ketchupflasche. Da ist Ketchup drin. Der Deckel gehört auf die Flasche." Durch ständige Gedächtnisstützen durch Aufklärung ist kindliches Fehlverhalten besser in den Griff zu bekommen als durch bloßes Abblocken.

Allerdings dürfen Sie niemals außer acht lassen, daß die Zeit des Kleinkindalters eine ganz besondere Phase im Leben ist. Der Psychologe E. H. Erikson nennt sie eine Phase der „grenzenlosen Selbst-Erweiterung". Kleinkinder wollen überall hin, wollen frei und unbeschwert alles mögliche mit einem eifrigen Gefühl des „Ich kann schon etwas" entdecken, erjagen und untersuchen! Eltern sollten lernen, wann genau in diesem Stadium ein Eingreifen sinnvoll erscheint, und wann es für die Entwicklung des Kindes eher hinderlich ist.

### *Ihr Zuhause ist ihre Experimentierwerkstatt*

Das Zuhause ist die Umgebung der Kinder, in der sie sich zunächst hauptsächlich aufhalten – und die eine Atmosphäre der Sicherheit und Geborgenheit für sie sein sollte.

> Außer bei vorauszusehenden oder möglichen Gefahren, sollte es ganz kleinen und größeren Kindern erlaubt sein, Dinge anzufassen, aufzuheben, sie anzulecken und fallen zu lassen, ohne daß jemand eingreift und sie unterbricht. Das Zuhause ist die Experimentierwerkstatt der Kinder.

Natürlich müssen Sie ein wachsames Auge auf die Kleinen haben. Das Geheimnis liegt eben darin, jederzeit abschätzen zu können, wann es angebracht ist zu unterbrechen und wann nicht: Ist es nötig – sagen wir – das Kratzen mit den Fingern am Zaun oder das Spielen mit der Kühlschranktür scharf zu überwachen oder gar einzugreifen?

Dies sind bereits die Anfänge, in denen das Kleinkind wahrnimmt, welches Vertrauen Sie zu ihm haben. Es muß wohl nicht extra betont werden, daß wertvolle Gegenstände oder kostbare Familienerbstücke während dieser Entwicklungsphase eines Kindes nach Möglichkeit außer Reichweite aufbewahrt werden sollten. Streckt sich ein kleines Kind nach einem neuen Objekt aus, beaufsichtigen Sie zunächst sein Verhalten. Zeigen Sie dem Kind Ihre Geduld und Ihr Vertrauen. Viele Eltern sagen: „Ich kann doch mein Kind keine Sachen herumschmeißen lassen." „Ich kann sie/ihn nicht frei herumlaufen lassen." „Er/sie muß jetzt einfach lernen, gewisse Dinge zu akzeptieren." Das werden sie! Die richtige Wahl des Zeitpunkts wirkt hier Wunder. Lassen Sie uns diese Angelegenheiten realistisch angehen – eine nach der anderen.

Zunächst sind Kinder zwischen sieben und neun Monaten überhaupt noch nicht in der Lage herumzurennen und mit Dingen um sich zu werfen. Sie krabbeln anfangs nur. Es ist also noch nicht nötig, ihnen auf dieser Entwicklungsstufe Selbstdisziplin beibringen zu wollen. Die Lektionen, die Kinder in diesem Alter lernen, haben alle mit Selbsterfahrung zu tun. Dann gilt es zu beachten, daß kleine Kinder sehr wohl zwischen *frei herumrennen* und *sich frei fühlen* zu unterscheiden vermögen. Der Grund, warum diese Phase besonders schwierig ist, ist das hohe Maß an Flexibilität, das den Eltern hier abverlangt wird. Eine Mutter von Zwillingen hat diesen Zustand einmal als „aktives Beobachten" bezeichnet. Kinder dieses Alters scheinen sich physisch in alle erdenklichen neuen Situationen bringen zu wollen um dann aus der eben gemachten Erfahrung zu lernen. Und schließlich können Kleinkinder Objekte erst dann richtig einschätzen, nachdem sie ausprobiert haben „wie die Dinge funktionieren". Sie versuchen, was immer an Gegenständen und Materialien sie in den Händen halten, zu verformen und umzugestalten.

Symbolisch formen und erforschen sie damit auch sich selbst. Alles ist ein Experimentieren im Zuge eines einzigen großen Experiments. Wenn nach einer gewissen Zeit diese Phase ausreichend ausgelebt werden konnte, werden sie eines Tages nach und nach einen verantwortungsvollen Umgang mit den Dingen lernen. Auch hier muß wieder beachtet werden: Es gilt immer, das Verhalten alters- und phasengerecht zu beurteilen.

### *Bereitschaft ist alles*

Kleinkinder, die zum allerersten Mal – oder sei es auch schon zum zweiten Mal – etwas für sie Neues ausprobieren, nehmen die unmittelbaren Kommentare der Eltern, seien sie nun einfach oder komplex („Schau mal Carol, laß dir von Papa mal zeigen, wie das geht"), nicht unbedingt immer wahr. Sie entdecken und entwickeln ihre eigenen inneren Kommentare und Vorgehensweisen. Beobachten Sie einmal das Gesicht eines Kleinkindes, wenn es gerade etwas Neues entdeckt – schon der Blick des Kindes verrät seine geballte Konzentration und Aufmerksamkeit. Hier „bilden sich die geistigen Fähigkeiten heraus" (Arnold Gesell). Das heißt, die Intelligenz entwickelt sich gemäß der individuellen Anlagen, indem sie entsprechend der emotionalen Bereitschaft des Kindes genutzt und maximiert wird. Das ist der Grund, warum sich immer wieder Kinder beobachten lassen, die nicht aus dem gesamten Potential ihrer Fähigkeiten schöpfen. Die emotionale Reife und das Verhältnis zwischen der kindlichen Selbstwahrnehmung und der Art, wie das Kind die engsten Bezugspersonen wahrnimmt, bestimmen seine Entwicklung. Indem Eltern das Spiel oder die Handlungen ihres Kindes immer und immer wieder unterbrechen, signalisieren sie ihm: „Du kannst das nicht. Du brauchst Hilfe." Das Kind wiederum fühlt sich dann tatsächlich hilflos. Auf der anderen Seite wird auch ein Kind, das an einer Aufgabe resigniert und von sich aus signalisiert hat, daß es gerne Hilfe hätte, schließlich aufhören, sich anzustrengen, wenn ihm die gewünschte Hilfe versagt bleibt. Ein solches Verhaltensmuster kann schließlich dazu führen, daß das Kind generell keine angefangenen Aufgaben mehr beendet, sondern von einer Aktivität zur nächsten springt. Selbst ein dreijähriges Kind möchte lieber den Anschein erwecken, es *wollte* eine bestimmte Sache nicht tun, als erkennen lassen zu müssen, daß es diese Sache nicht *kann*. Mit diesem Verständnis im Hintergrund können Sie lernen, die Signale Ihres Kindes früher zu erkennen, die Ihnen sagen „Ich brauche jetzt gerade Hilfe" oder „Ich möchte, daß du mir etwas erklärst". *Bereitschaft und der richtige Zeitpunkt sind hier alles!*

Stellen Sie sich vor, Sie befinden sich auf einer Reise, auf der Sie zum ersten Mal den atemberaubenden Anblick des Grand Canyon erleben. Sie denken noch bei sich „Oh, das ist ja ganz phantastisch!" und werden nur Sekunden später durch einen Lautsprecher mit einer Fülle von geographischen und statistischen Daten und Informationen bombardiert. Was für eine Unterbrechung! Die Informationen an sich sind zwar sehr interessant – doch sie kommen in einem völlig ungeeigneten Moment. Der Betrachtung sollte ausreichend Raum gegeben sein. Für das Kleinkind verhält sich die Sache ganz ähnlich: Besuchen Sie mit Ihrem Kind Freunde, oder gehen Sie mit ihm in den Supermarkt, wird es Dinge sehen, die seine Aufmerksamkeit völlig in Anspruch nehmen! Erst wenn es nötig ist, wird das Kind Ihnen signalisieren, daß es jetzt Hilfe oder eine Erklärung haben möchte; Sie werden diese Fragen von seinem Gesichtsausdruck ablesen können. Die Jahre des Kleinkindalters spiegeln exakt das wider, worum es im ganzen Leben gehen wird: *Entdeckung und Erfahrung!*

Es ist nur natürlich, daß wir uns eine schnelle Entwicklung unserer Kinder wünschen. Erstens aber ist es erheblich einfacher, ein etwas älteres Kind zu erziehen und zweitens ist die Tatsache, dazu in der Lage zu sein, sich gegenseitig austauschen zu können, ein sehr befriedigendes Gefühl. Nichtsdestotrotz müssen wir uns an die natürliche Entwicklung unserer Kinder halten – sonst laufen wir Gefahr, Entwicklungsschwierigkeiten zu verursachen. Eine solche Störung läßt sich dann in jeder Entwicklungsstufe feststellen, am deutlichsten aber im späten Säuglings- oder frühen Kleinkindalter.

Haben Sie jemals Grassamen auf einen frisch bereiteten Boden gesät? Was ist nötig, um das Gras wachsen zu lassen? Wasser und Sonnenlicht natürlich – aber selbstverständlich muß diesem Prozeß des Wachsens genügend Raum gelassen werden, damit die Wurzeln und Triebe sich entwickeln können. Niemals würden wir nach einer Woche bereits sagen: „So, nun ist es an der Zeit, die Qualität des Rasens zu prüfen; ich werde einmal darüberlaufen." Wir dürfen niemals vergessen, daß das Säuglings- und Kleinkindalter die Zeit im Leben eines Kindes ist, in der es die Welt um sich herum ununterbrochen entdeckt und erforscht. Später, nach einer gewissen Zeit, wird Ihr Kind mehr auf Sie vertrauen und die „Verhaltenslektionen" verstehen, die es durch sein Leben begleiten sollen.

> Haben Sie jemals Grassamen auf einen frisch bereiteten Boden gesät? Was ist nötig, um das Gras wachsen zu lassen? Wasser und Sonnenlicht natürlich – aber selbstverständlich muß diesem Prozeß des Wachsens genügend Raum gelassen werden, damit die Wurzeln und Triebe sich entwickeln können. Niemals würden wir nach einer Woche bereits sagen: „So, es ist nun an der Zeit, die Qualität des Rasens zu prüfen; ich werde einmal darüber laufen."

## *Zwei Beispiele, die Bände sprechen*

Ich sah in einem Park ein niedliches, sehr aufgewecktes kleines Mädchen, etwa neun Monate alt, das gerade selbständig aufrecht sitzen konnte. Ich konnte die Kleine beobachten, während mein Sohn in einem Sandkasten, nur ein paar Meter von ihr entfernt, spielte. Es war Herbst, und ein goldenes Blatt wurde vom Wind hoch in die Luft getragen, um dann genau vor ihr zu landen. Sie betrachtete es und war genauso glücklich, als hätte gerade jemand ein Spielzeug vor sie hingestellt. Nachdem sie sich das Blatt etwa eine Minute lang nur angesehen hatte, streckte sie ihre Hand danach aus und zog es zu sich heran, gespannt, wie es sich wohl anfühlen würde, neugierig auf seinen Duft – und ja, vielleicht auch auf den Geschmack ihrer ersten Herbstbegegnung – als RUMMS! die Mutter ihr das Blatt aus der Hand nahm und sagte: „Nicole, das ist schlecht. Das nimmt man nicht in den Mund! Nein, nein, das ist schlecht für dich." Dann ersetzte sie das Blatt durch ein Plastikspielzeug: „Schau Nicole, eine Rassel!"

Unnötig zu sagen, daß dieses Spielzeug nahezu augenblicklich mit einer traurigen Resignation fallen gelassen wurde. Nicole wußte, daß sie gerade noch etwas weitaus Interessanteres in Händen gehalten hatte! Diese authentische Begebenheit spricht Bände, was die Weisheit von Eltern, den richtigen Zeitpunkt, *wie* und *wann* das Wörtchen „Nein" einzusetzen ist, angeht. Eine akzeptable Alternative wäre hier gewesen, das Kind entweder mit dem Blatt spielen, es gar kosten zu lassen (Kinder lernen sehr schnell, wenn ihnen etwas nicht schmeckt) oder ihm einfach zu erklären, wo das Blatt hingehört – ohne es zum „schmutzigen Gegenstand" zu deklarieren. So wäre eine bessere Reaktion der Mutter auf die oben beschriebene Szene zum Beispiel gewesen: „Blätter gehören auf den Boden, Nicole. Sie sind schmutzig, weil die Leute drauftreten." Ganz allgemein sollten die Wörter „gut" und „schlecht" besser der Bewertung moralischer Belange vorbehalten sein und nicht für alltägliches Verhalten verwendet werden. Kinder nehmen diese Wörter anders wahr als wir Erwachsenen und könnten ihr gesamtes Verhalten danach ausrichten.

Angela, gerade neun Monate alt, krabbelte zum Hundenapf, um sich dessen Inhalt einmal ein bißchen genauer zu betrachten, als ihre Mutter rief: „Nein, nein, das ist nichts für dich! Das ist für den Hund, Schätzchen." So wurde Angelas harmlose kleine Expedition durch ihre Mutter, die das Lächeln und den Enthusiasmus ihrer Tochter auf dem Weg zum Hundenapf überhaupt nicht zur Kenntnis genommen hatte, abrupt gestoppt. Dabei wiegt diese Ignoranz weit mehr, als die Information, daß das Essen im Napf für den Hund bestimmt sei. Mit ihren neun Monaten war Angela nicht in der Lage zu unterscheiden, für wen diese Nahrung sein sollte. Ihre Aufmerksamkeit galt auch vielmehr ihrer neu erworbenen Mobilität und der Freude daran. Wenn ihre Mutter nicht wollte, daß Angela das Hundefutter anfaßt, hätte sie zu ihrer Tochter etwa sagen können: „Angela sieht das Hundefutter" und sie dann sanft an eine andere Stelle setzen können. Denken Sie immer daran, *aus einer an sich unbedeutenden Situation kein Drama zu machen*. Die einzige Botschaft hätte in diesem Falle sein sollen: Ja, Angela, du kannst dir alles ansehen und überall hinkrabbeln!

Als Eltern können Sie ihr Kind dann am besten verstehen, wenn Sie versuchen, die Welt aus dem kindlichen Blickwinkel zu sehen und anzuerkennen, daß *das Spiel für das Kind Arbeit ist!* Was ist denn der größte Schaden, den ein so kleines Kind anrichten kann? Er besteht darin, Dosen zu öffnen, Müsli auf dem Fußboden zu verteilen, sich durch Mutters Handtasche zu wühlen – dies sind doch im wesentlichen die Dinge, mit denen zu rechnen ist. Eine in

Scheiben geschnittene Tomate anfassen – super! Eine Zeitung „kosten" – mmmmh! Einen Schrank öffnen – das ist der Knüller! Der springende Punkt ist doch: All diese Tätigkeiten sind gewissermaßen der „Job" Ihres Kindes. Ihre Aufgabe in dieser Zeit aber ist es, dem Kind dabei zuzusehen und ihm zu demonstrieren, daß Sie ihm vertrauen, ihm in aller Ruhe zu zeigen, wo die einzelnen Dinge hingehören oder ihm ein neues Objekt zu erklären.

Sie können ihr Kind dann am besten verstehen, wenn Sie versuchen, die Welt aus dem kindlichen Blickwinkel zu sehen und anzuerkennen, daß *das Spiel für das Kind „Arbeit" ist!*

„Tommy, Müsli gehört in die Dose." Oder „Zeitungen sind zum Lesen da." Sie fragen sich vielleicht wo da die Disziplin bleibt? Hier, wie bei jedem anderen Verhalten auch, gibt es Zeiten, die Beobachtung erfordern, andere, in denen ein Eingreifen angebracht ist und wieder andere, die nach einer Zusammenarbeit verlangen.

Die ersten fünfzehn Monate im Leben eines Kindes sind eine besondere Phase. Eltern sollten versuchen, die ersten Äußerungen von Neugier und Wißbegierde ihrer Kinder nach Möglichkeit nicht zu stören. Die Kinder machen ihre „Arbeit" und Sie helfen hinterher beim Aufräumen! Natürlich erfordert dies ein großes Maß an Geduld, ein ständig wachsames Auge und eine gewöhnungsbedürftige neue Einstellung – aber ist es letzten Endes nicht genau das, was Sie sich selbst geschworen hatten zu tun? Und Sie werden sehen: Wenn es an die nächste Entwicklungsstufe Ihres Kindes geht – an die Formulierung ganzer Sätze und die Ausweitung des Vokabulars – wird sich Ihre Verhaltensweise bezahlt machen.

*Denken Sie immer daran, daß ihre Elternschaft einen der wichtigsten Grundsteine zu legen hat: die Herausbildung von gegenseitigem Respekt. In den ersten fünfzehn Monaten im Leben Ihres Kindes dreht sich alles um Erkundung und Experimentieren.*

## *Drittes Kapitel: „Nein, das ist meins“*

„Gib Papi bitte die Fernbedienung, Peter.“
„Nein, das ist meins.“

„Laß den kleinen Jungen doch auch mal mit dem Spielzeug spielen, Mirjam.“
„Nein, das ist meins.“

„Anna, kann ich ...“
„Nein, das ist meins.“

Wenn diese ersten niedlichen Zeichen von Unabhängigkeit sich schnell in kooperatives Verhalten verwandeln würden, würden wir über eine solche Szene wahrscheinlich alle lachen und fänden sie ausgesprochen amüsant. Nun ist aber die weitaus üblichere Reaktion eines kleinen Kindes, dem man etwas wegnimmt, zunächst einmal ein kleiner Wutanfall. Die Intensität eines solchen Gefühlsausbruchs – angefangen mit leisem Wimmern bis zu ausgewachsenem Schreien und strampelndem Zornesausbruch – wird auch davon abhängig sein, welche Erfahrungen das Kind bis jetzt mit Ihnen gemacht hat.

Diese Phase von „das ist meins“ wird ganz automatisch bei allen Kleinkindern früher oder später auftreten. Sobald ein Kind erkannt hat, daß es seine neu gewonnene Mobilität schneller an einen anderen Ort bringen kann, daß es Objekte sehr fest halten oder einem anderen Kind ein Spielzeug wegschnappen kann, wird es diese Macht ausprobieren wollen. Es wird darauf bestehen: „Nein, das ist meins." Manchmal ist diese Antwort spielerisch gemeint, manchmal aber auch tatsächlich so gemeint, manchmal ist das Kind vielleicht ein wenig bockig. Eltern können jedenfalls erheblich dazu beitragen, diese Phase wesentlich zu verkürzen, indem sie genau auf die Wahl ihrer Worte und den Zeitpunkt, wann sie einschreiten, achten.

### *Ein Blick zurück*

Wenn wir einmal versuchen, die Welt mit den Augen eines kleinen Kindes in der Zeit der ersten achtzehn Lebensmonate zu betrachten, würden wir wohl bald feststellen, wie Eltern, Brüder, Schwestern und andere Personen ständig Dinge *wegnehmen, -reißen oder -ziehen* (sei es nun ganz behutsam oder auf eine andere Art und Weise). Um diese Handlungen zu bekräftigen, unterstützen wir sie zuweilen noch, indem wir etwa Sätze hinzufügen wie: „Nein, das ist Papis Telefon." – „Nein, das ist Mamis Bürste." – „Nein, das ist das Spielzeug deiner Schwester." Oder „Nein, das ist Hundefutter."

Dieses Vorgehen überstrapaziert allerdings den Begriff des Besitzes: Das ist Mamis, Papis etc. Nachdem das Kleinkind diesen Typus der Zuordnung eine Zeitlang gehört hat, ist es eines Tages schließlich von der Ungerechtigkeit überzeugt, daß *jeder Mensch* mehr besitzt als es selbst! Besser wäre in diesem Fall also: „Laß uns das Telefon mal auf den Tisch zurückstellen" oder „Laß uns die Bürste auf die Kommode zurück legen." Diese Aussagen enthalten keinen Hinweis auf Besitzrechte. In diesem Stadium ist es für Kinder noch nicht wichtig zu wissen, wem etwas gehört, als vielmehr wo etwas hingehört.

Viele Eltern fühlen sich bemüßigt, ihren Kindern irgendwann im magischen Alter zwischen fünfzehn und zwanzig Monaten die Bedeutung des Teilens beibringen zu müssen –

vielleicht weil sie sich Peinlichkeiten irgendwelcher Art ersparen wollen. Doch solcherlei Hinweise führen bei einem Kleinkind schlicht zu Verwirrung. „Nicole, willst du das teilen?" – Und Nicole wird – keineswegs überraschend – zur Antwort geben: „Nein, das ist meins."

Wenn Sie allerdings während der ersten achtzehn Monate eine Vertrauensbasis geschaffen und Ihrem Kind erlaubt haben, frei auf Erkundungsgang zu gehen („Ich sehe, daß Katrin sich die Schublade mal näher ansehen will"), dann wird, ungefähr mit Beginn des vierundzwanzigsten Lebensmonats, der Lernprozeß des Teilens gleichsam natürlich geschehen und vom Kind auch besser verstanden werden. Wenn Kinder eine Zeitlang an ihrem „Nein, das ist meins" festhalten, ist dies ein Zeichen der persönlichen Entwicklung, und kein irgendwie angelerntes Verhalten. Später wird diese Vergewisserung, daß eine Sache wirklich ihnen gehört, sich weiterentwickeln: Kinder haben dann von sich aus das Bedürfnis zu teilen.

### *Ist „zu teilen" natürlich, oder ist es erlerntes Verhalten?*

Wie das eigene Temperament, so ist auch das Teilen bis zu einem gewissen Grad angeboren. Einige Kinder sind von sich aus „Geber". Doch die meisten Kinder lernen erst zu teilen. Einem Kleinkind zu früh das Teilen beibringen zu wollen, wird keinen Erfolg haben. Eltern brauchen es nicht peinlich zu finden, wenn ihr Kind noch nicht teilen will. Schließlich läßt das kindliche Verhalten ja keine Rückschlüsse auf sie selbst zu. Patricia Shimm, die auf eine zwanzigjährige Arbeit mit Kleinkindern zurückblickt, erklärt: „Das Prinzip des Teilens ist für Kleinkinder zu kompliziert, da sie einfach nicht verstehen können, warum nicht alles ihnen allein gehören kann."

Gewisse soziale Fähigkeiten treten erst etwas später in der kindlichen Entwicklung auf. Ich bin zudem überzeugt, daß dieser Prozeß etwa im Alter von zwei Jahren angestoßen werden kann, indem man Gefühle mitteilt, wie etwa: „Schau mal, Peter hat noch nicht mit der Schaufel zu Ende gespielt. Wenn er fertig ist, wird er sie dir geben." Oder „Aha, du möchtest also alleine mit der Schaufel spielen." Solche einfühlsamen Äußerungen werden dem Kind mit der Zeit den Wert des Teilens – und damit vor allem den des Gewinns von Freunden – verständlich machen.

Warum reagieren Kinder so unterschiedlich auf die Aufforderung zu teilen, und wie können wir einen Lernprozeß fördern? Auch hier, wie bei so vielen Erziehungsfragen, ist die Antwort in frühen Familienmustern zu suchen und gleichzeitig darin, wann mit der Erziehung begonnen wurde, und mit wieviel Nachdruck das Kind dazu gebracht werden sollte zu teilen.

Eltern, die *ständig* zu früh eingreifen, die gar Objekte von ihren Kindern fortreißen, um ihnen das Teilen beizubringen, tragen letztlich sehr wenig dazu bei, das gewünschte Verhalten herbeizuführen. Kinder müssen – genauso wie Erwachsene – selbst von der Richtigkeit ihres Tuns überzeugt sein, um sich auch auf Dauer richtig zu verhalten. *Dies müssen Eltern beachten, wenn sie wollen, daß ihre Kinder altersangemessen und damit auf echte Weise lernen.*

> Eltern, die *ständig* zu früh eingreifen, Objekte gar von ihren Kindern fortreißen, um ihnen das Teilen beizubringen, tragen sehr wenig dazu bei, das gewünschte Verhalten herbeizuführen. Kinder müssen – genauso wie Erwachsene – selbst zu einer bestimmten Einsicht kommen, um sich auch auf Dauer richtig zu verhalten. *Diese Tatsache müssen Eltern akzeptieren, wenn Sie sich wünschen, daß ihre Kinder einen reifen und echten Lernprozeß erfahren.*

Kein Erwachsener kann die Bereitschaft eines Kindes, etwas von sich aus wegzugeben, erzwingen; das Kind muß emotional von sich aus dazu bereit sein. Erfahrungen sind da nach wie vor unsere besten Lehrmeister! Schon im Alter von zehn Monaten sind Kinder in der Lage zu erkennen, daß es eine Sache des Vertrauens ist, ob sie der Mutter oder dem Vater einen bestimmten Gegenstand überlassen können. Wie stark Kinder an einer Sache festhalten oder sich von einer Sache trennen können, ist abhängig von dem Grad des Vertrauensverhältnisses, das zwischen Kind und Eltern besteht.

Das weiter oben erwähnte Beispiel von Nicole, dem neun Monate alten Mädchen, das ein Blatt in den Händen hielt, oder das eines achtzehn Monate alten Kindes, dem die Zeitung, die es in seinen Händen hielt, weggerissen wird, zeigt uns: Die Lektion, die hier zu früh und zu schnell gelernt wurde war diese: „Wenn du erst einmal etwas in deinen Händen hast, dann halte es gut fest, sonst wird jemand versuchen, es dir wieder wegzunehmen." Eltern mit einem vorausschauenden und „weisen" Blick können solche Zeiten der Unsicherheit verkürzen.

Das soll allerdings nicht heißen, daß Eltern, die Ihren Kindern den Zugang zu ihrem Arbeitszimmer oder Kleiderschrank verwehren, einen bleibenden Schaden bei ihren Kindern verursachen. Das ist nicht der Fall. Doch ständig wiederholte einschränkende und zurechtweisende Ausdrücke und Handlungen werden das heranwachsende Kind in immer stärkere Abhängigkeit von den Eltern und anderen Personen bringen.

Normalerweise übt das häusliche Umfeld den stärksten Einfluß auf ein Kind aus. Dies ist schließlich der Ort, an dem das Kind zum ersten Mal soziales Miteinander beobachtet, das auch das Teilen miteinschließt. Eltern, die ihrem Kind nur sehr eingeschränkt erlauben, das eigene Haus zu erkunden, geben ihm damit gleichzeitig zu verstehen: „Das sind meine Sachen, und ich möchte sie nicht mit dir teilen." Dies spornt den Egoismus des Kindes nur weiter an und verlängert so die Phase, in der es auf seinem „Das ist meins" besteht. Wenn Eltern ihren Kindern Werte wie die des Teilens und der Großzügigkeit vermitteln, sollten sie daran denken. Auch hier ist allerdings wieder ziemlich viel Geduld erforderlich, um diese Prinzipien aufrechtzuerhalten.

Als der dreijährige Paul die 35mm Kamera seines Vaters in die Hand nahm, bekam er zu hören: „Paul, nein, ich warne dich! Das ist kein Spielzeug. Es ist sehr teuer. Leg das sofort wieder hin." Pauls natürliche Neugier bot seinem Vater eine perfekte Gelegenheit, eine Lektion in Sachen Teilen anzubringen. In seinem Alter war Paul durchaus schon fähig, den Vorgang des Fotografierens zu verstehen, genauso – und das ist weitaus wichtiger – war er intellektuell bereits in der Lage, das Teilen zwischen Vater und Sohn nachvollziehen zu können. Die drohende Haltung des Vaters setzt den Jungen herab: Sie vermittelt ihm, daß er nicht alt genug, vertrauenswürdig genug oder klug genug sei, um Fotos zu machen. Zudem enthielt sie noch die Botschaft: Ich möchte nicht mit dir teilen.

Sein Vater hätte auch sagen können: „Paul, möchtest du, daß ich dir zeige, wie die Kamera funktioniert?" oder „Schau dir die Kamera ruhig mal an, und dann zeige ich dir, wie sie funktioniert." Damit wäre die Botschaft etwa diese gewesen: Paul, ich vertraue dir. Ich möchte gerne mit dir teilen.

Ich möchte an dieser Stelle betonen, daß ich keineswegs eine Philosophie der Nachgiebigkeit vertrete. Es geht vielmehr um verschiedene Wahlmöglichkeiten und eine aufmerksame, liebevolle Begleitung. Mit anderen Worten: darum, mit dem Kind *zusammen* zu lernen – nicht einzuschreiten, sondern zu interagieren. Erst diese Art von Großzügigkeit lehrt Kinder, die eigentliche Bedeutung des Teilens zu erkennen.

***Die Fähigkeit des Teilens wird schneller erlernt,
wenn es einem Kleinkind
in relativer Freiheit gestattet war,
alles, was es als „seins“ identifiziert hat,
zu erforschen, zu berühren und zu halten.***

# Viertes Kapitel: Eine andere Art, „Nein“ zu sagen

Welche der beiden folgenden Aussagen würde bei Ihnen eine positivere Reaktion hervorrufen?

„Ich habe die Tickets für dich nicht bekommen können, Stefan.“
„Ich weiß, daß du dich sehr gefreut hast, daß ich dir diese Tickets besorgen wollte – aber die Veranstaltung wurde abgesagt. Ich weiß, wie enttäuscht du jetzt bist, Stefan.“

Obwohl doch beide Sätze die gleiche Aussage enthalten, drückt der zweite zusätzlich Ihr Verständnis für die erlittene Enttäuschung aus. Die gleichen Kommunikationsprinzipien, die zwischen Erwachsenen gelten, werden auch bei Kindern ihre Wirkung zeigen. Auch Kinder werden auf eine positivere Art reagieren, wenn Sie ihnen gegenüber auf die Wahl Ihrer Worte achten.

Viele Eltern setzen das Wort „Nein“ ein, um ihre Kinder zu disziplinieren. Für mich hingegen liegt in dem Wort „Nein“ eher ein Weg, um Selbstdisziplin zu lernen. Dabei steht die Frage im Vordergrund: *Wie muß ich das Wort „Nein“ in meine Erziehung einbeziehen, um meinem Kind damit innere Selbstdisziplin beizubringen?*“ Schließlich ist das, was wir mit unserer Erziehung auf lange Sicht erreichen wollen, doch nicht, daß unsere Kinder immer nur auf uns hören, sondern daß sie auf sich selbst vertrauen lernen – daß sie ihre innere Stimme wahrnehmen, die ihnen sagt, was gut und was schlecht ist, und daß sie danach handeln. Um dem Kleinkind diesen Prozeß schmackhaft zu machen, muß es einen gewissen Anreiz erkennen können – und dieser Anreiz besteht eben in der Freiheit, die eigenen Gefühle zum Ausdruck bringen zu dürfen. *Ein Kind, das sich wohlfühlt, wird sich auch richtig verhalten.*

> Das, was wir auf lange Sicht mit unserer Erziehung erreichen wollen, ist doch nicht, daß unsere Kinder immer nur auf uns hören, sondern daß sie auf sich selbst vertrauen lernen – daß sie ihre innere Stimme wahrnehmen, die ihnen sagt, was gut und was schlecht ist, und daß sie lernen, danach zu handeln.

Kleine Kinder sind viel mehr, als wir denken, in der Lage, sich selbst zu kontrollieren. Die eigentliche Ausbildung dieser Fähigkeit beginnt mit ungefähr zweieinhalb Jahren. Kinder in diesem Alter können durchaus schon Rückschlüsse auf das jeweils richtige Verhalten in einer bestimmten Situation ziehen (und dann auch danach handeln), wenn sie die richtigen Hinweise, genug Zeit und Anerkennung bekommen. Obwohl es in der Praxis tatsächlich oft so abläuft, daß ein Kind genau das Gegenteil von dem tut, was seine Eltern wollen, ist es ihm theoretisch bereits möglich, logisch zu denken und eine eigene Wahl zu treffen. Das, was ihm noch fehlt, ist eben genau das, was Sie ihm beizubringen versuchen sollten: Problemlösestrategien und Selbstdisziplin.

Als Erwachsene wissen wir, wie schwierig Selbstkontrolle sein kann. Mit diesem Wissen im Hintergrund, können Sie verhindern, daß sich eine Phase der Widerspenstigkeit bei Ihrem Kind zu einem dauerhaften Verhaltensmuster auswächst. Beobachten Sie einmal genau den Ausdruck Ihres kleinen Sohnes oder Ihrer Tochter, wenn Sie ihn oder sie das nächste Mal etwas fragen. Manchmal läßt sich deutlich beobachten, wie das Kind zwischen zwei

Möglichkeiten hin- und hergerissen ist, oder wie es plötzlich seine Meinung ändert und von einer Reaktion zur nächsten übergeht: Soll ich die Fernbedienung zurückgeben oder nicht? Soll ich beim Lego-Spiel bleiben oder lieber am anderen Ende des Zimmers malen? Solche Szenen sind die ersten Anzeichen von eigener Entscheidungsfindung und Selbstkontrolle. Eltern sollten diesen individuellen Prozeß zulassen ohne einzuschreiten.

Als Haim Ginott einmal gefragt wurde, wie viele Versuche einem Kleinkind denn zuzugestehen seien, antwortete er: „Tausend Versuche und dann noch einen." Dies unterstreicht einmal mehr, wie wichtig es ist, Geduld aufzubringen. Allerdings haben auch Eltern nur Nerven! Ist ein Kind zu weit über die Grenzen hinausgeschossen, dürfen auch sie Gefühle zeigen: Man kann schon einmal brüllen: „Maik, Papa ist wirklich böse, daß du deine Farben über die ganze Wand verteilt hast. Ich bin ziemlich sauer! Farben gehören auf das Papier! Ich bin ganz schön wütend auf dich!" Ein solch „kontrolliertes Schreien" zeigt dem Kind, daß seine Grenzüberschreitung eine natürliche Folge hat, nämlich den Ärger. Andererseits ist es ein gesundes und natürliches Ventil für den entsprechenden Elternteil. Es ist völlig in Ordnung, ein Kind die Konsequenzen spüren zu lassen, wenn es sich nicht an das hält, was Sie ihm gesagt haben. Achten Sie jedoch immer darauf, das Kind nicht zu demütigen, zu erniedrigen oder es mit einer anderen Person zu vergleichen, während Sie Ihren Ärger zum Ausdruck bringen. Wenn Sie Ihre Enttäuschung durch Gefühle ausdrücken, wird das Kind weit mehr dazu angeregt, sich an Ihre Worte zu halten und auf sein Gewissen zu hören. Alles in allem ist dies der erste wirkliche Erfolg in der Erziehung: Das Kind dazu zu bringen, von sich aus beurteilen zu können, welches Benehmen akzeptabel und welches inakzeptabel ist! Vorausgesetzt, ein Kind kann seinen Ärger, seine Enttäuschungen oder Frustrationen frei zum Ausdruck bringen, wird es ihm mit der Zeit immer leichter fallen, mit dieser Verantwortung umzugehen.

Pauls Vater las seinem kleinen Sohn ein neues Buch über Traktoren vor und fragte den Dreijährigen immer wieder „Wie nennt man das hier und wie nennt man das?" Sobald Paul eine falsche Antwort gab, antwortete der Vater: „Nein, den nennt man Kipper." „Nein, die nennt man Tieflader." Paul wird von dieser Lesestunde in Erinnerung behalten, wie oft er etwas Falsches gesagt hat, und das Wörtchen „Nein" wird ein weiteres Mal ein Rückschlag für sein Selbstbewußtsein und seine Motivation sein. Ein weit besserer Weg, Paul zu korrigieren, wäre es zum Beispiel gewesen zu sagen: „Paul, versuch es noch einmal. Laß es uns noch einmal probieren." Diese simplen Worte motivieren statt zu schwächen!

Es gibt einige Mittel und Wege, die motivieren statt zu schwächen, wenn wir doch einmal nein sagen müssen. Wir wollen uns nun einmal sieben verschiedene Alternativen ansehen, die an Stelle eines „Nein" eingesetzt werden können, wenn wir unser Kleinkind dazu ermutigen wollen, seine inneren Impulse unter Kontrolle zu halten. Die folgenden Methoden können immer wieder verändert werden, damit die dahinter liegenden Ideen nicht überstrapaziert werden. Einem kleinen Kind gegenüber diese Art von Achtung und Rücksicht entgegenzubringen, wird es nicht etwa übermütig machen – sondern vielmehr helfen, seine sozialen Fähigkeiten zu entwickeln.

## *Reflektieren einer Situation*

Bevor wir uns den verschiedenen Alternativen zuwenden, die ein „Nein" ersetzen können, müssen wir uns bewußt machen, daß es nötig sein wird, diese Alternativsätze ungefähr drei- oder viermal mit starker Überzeugung auszusprechen, bevor sie eine Wirkung hinterlassen. Das Ziel dabei ist, daß das Kind sich verstanden fühlt, während die Eltern von ihren einmal gesetzten Grenzen nicht abweichen. Das „Neinsagen" bewirkt bei einem älteren Kind, von wenigen Ausnahmen abgesehen, genau das gleiche wie bei einem Kleinkind. Allerdings ist ein älteres Kind weitaus besser in der Lage, die verschiedenen Aussagen der im folgenden aufgelisteten Sätze zu unterscheiden.

1. Anerkennung der kindlichen Gefühle
   „Andy ist böse darüber, daß sein Bruder ihn geschubst hat. Gebrauche deine Sprache, um deinem Bruder zu sagen, daß du nicht geschubst werden willst, Andy!"
   „Hanna ist traurig, daß sie das Fest verlassen muß."
   „Peter verzweifelt fast über diesem Puzzle."
   **Grundsatz:** *Alle* Gefühle sind erlaubt.
2. Lassen Sie ihnen die Wahl
   „Andy kann Bananen oder Kekse haben. Du kannst wählen."
   „Du kannst entweder mit deinen Puzzles spielen oder etwas Knetmasse bekommen, Eric. Die Entscheidung liegt bei dir." (Wenn er sich entscheidet zu weinen, müssen Sie auch das als seine Entscheidung akzeptieren.)
   „Du kannst es entweder auf den Tisch oder auf den Stuhl zurücklegen, Peter. Du darfst entscheiden."
   **Grundsatz:** Du kannst logisch denken und deine Wahl treffen.
3. Ersetzen Sie, wo es geht, ein „Nein" durch ein „Ja"
   „Ja Peter, später können wir in den Park gehen. Wir können noch nicht jetzt gleich losgehen, weil Mami noch auf Papi wartet."
   „Ja, Christian, wir können später deinen Freund Stefan besuchen."
   „Ja, Katrin, später gibt es noch mehr Süßigkeiten."

**Grundsatz:** Signalisiert Rücksichtnahme auf die Anfragen und die Bereitschaft, darauf einzugehen.

4. Zeigen Sie, wo es geht, mögliche Konsequenzen
„Schau Peter: Da ist kein Auto in der Einfahrt. Es ist kein Auto zum Fahren da."
„Guck Mathias, schau, wie scharf die Schere ist."
„Schau Vanessa, fühl mal, wie kalt es draußen ist."
**Grundsatz:** Zeigen Sie, wenn es geht, die konkreten Gründe, warum Sie nicht in der Lage sind, etwas Bestimmtes zu tun.
5. Geben Sie ihnen in der Phantasie, was Sie ihnen in der Wirklichkeit nicht geben können
„Du wünschst dir, wir könnten in einem riesengroßen Schwimmbecken schwimmen gehen, Peter – das würde wirklich Spaß machen."
„Du hättest gern, daß Mami jetzt mit dir spielt, Hanna. Du wünschst dir, daß Mami mit allem aufhört, was sie gerade macht, und mit dir spielt. Mami wünscht sich das auch."
„Du wünschst dir, wir hätten jetzt eine riesengroße Tüte mit Pommes frites und ordentlich viel Ketchup, Alex! Papa wünscht sich das auch. Ich wünsche mir, wir hätten zehn Tüten Pommes frites."
**Grundsatz:** Einem Kind seine Wünsche zuzugestehen zeigt Einfühlungsvermögen und Rücksichtnahme. Wir alle haben schließlich Wünsche und Phantasien. Sie sind ein Teil unseres Lebens.
6. Informationen geben
„Papa muß erst noch den Rasen mähen, Johannes. Ich weiß, daß du das verstehst."
„Mama würde dir gerne helfen Sophia, aber ich muß erst noch einen Anruf erledigen. Ich weiß, daß du das verstehst."
„Der Kindersitz ist im anderen Auto, Jonathan. Mama hat nur den einen Kindersitz."

**Grundsatz:** Den Kindern die Möglichkeit einräumen, die eigenen Rückschlüsse zu ziehen, ohne daß sie ein „Nein" zu hören bekommen.

7. Lassen Sie sich Zeit zu überlegen
„Darüber würde ich gerne erst noch mal nachdenken, Manuel."
„Das ist eine gute Idee, Miriam. Ich will heute mal darüber nachdenken."
„Darüber möchte ich heute abend erst mal mit Papa reden, Andrea. Ich werde es mir überlegen."
**Grundsatz:** Demonstriert dem Kind Ihren Respekt – zeigt ihm, daß Sie über seine Anfrage nachdenken werden, anstatt sie gleich mit einem „Nein" abzuschmettern. Ist zudem eine Lehre in bezug auf Hoffnung und Enttäuschung.

## *Vorsicht – Wörter können wie Bomben einschlagen!*

Obwohl es letztlich die elterlichen Handlungen sind, die kleinen Kindern nachahmenswerte Beispiele vermitteln, sind es zunächst einmal ihre Worte, auf die Eltern besonders achten sollten. Es ist wirklich ganz erstaunlich, wie oft und wie beiläufig umgangssprachliche Wörter von Eltern in Gegenwart ihrer Kinder gebraucht werden. Irgendwie scheinen Wörter ihren Sinn und Wert verloren zu haben. Ich habe mir immer gewünscht, man könnte Wörter in kleinen Fläschchen mit Warnhinweisen bekommen, wie das bei Medizin der Fall ist. *Vorsicht: Diese Wörter können Nebenwirkungen haben!*

So mag ein Kind zum Beispiel zu hören bekommen: „Dein Zimmer ist total unordentlich, Markus. Du lebst ja wie ein Schwein." Oder „Simone, du bist ein böses Mädchen – bleib jetzt endlich ruhig auf deinem Stuhl sitzen." Solche Familiendialoge spiegeln vielleicht die lässige

Form der heutigen Sprache wider: „Es ist erlaubt, alles zu sagen." Man könnte meinen, ein vorheriges Nachdenken über das, was man sagen will, sei nicht mehr notwendig. Alles was zählt, ist die Selbstdarstellung! Die Menschen suchen nicht mehr nach dem richtigen Wort oder Ausdruck – sie sagen vielmehr „Vergiß, was ich *sage* – du weißt ja, wie ich mich fühle", oder „Peter benimmt sich dumm – ignoriere ihn einfach." Ich denke, daß das gestörte Verhältnis zwischen Kindern und ihren Familien zum großen Teil daher rührt, daß Eltern zu wenig über die Wahl ihrer Worte nachdenken. Der Drang eines Kindes, seine Gefühle ausleben zu wollen, wird um so mehr zunehmen, je häufiger es mit Worten konfrontiert wird, die sein Selbstbewußtsein herabsetzen. Eltern mögen vielleicht schimpfen: „Peter, du schreist und benimmst dich wie dein kleiner Bruder." Oder „Wenn du dich weiterhin dermaßen dumm verhältst, Lisa, ist für dich gleich mal Schluß!"

Eine bessere Reaktion, durch die Kooperation gefördert werden kann, ist in einem solchen Fall, das Benehmen des Kindes durch reine Beschreibung wiederzugeben, anstatt mit persönlichen Angriffen zu reagieren: „Mami kann sehen, daß du traurig bist und nicht gehen willst, Peter" oder „Es ist nicht leicht, still zu sitzen und zu warten, Lisa. Ich sehe, wie schwer dir das fällt." *Manchmal ist es wichtiger, die richtigen Worte zu finden, statt die richtigen Handlungen.* Andererseits haben diese Worte auch nichts „Magisches". Wenn Kinder ständig miterleben müssen, wie ihre Eltern die Geduld verlieren, wenn sie durch ständige Vergleiche („Deine Schwester würde sich niemals so aufführen wie du, Max") oder durch rauhes Anfahren („Hör endlich auf so dumm herumzuhampeln, Bea") das Gefühl der eigenen Unzulänglichkeit vermittelt bekommen, oder sogar einem nicht enden wollenden Strom von Drohungen ausgesetzt sind („Wenn du das noch einmal machst, Peter, sperrt dich Mama eine Zeitlang in dein Zimmer"), werden sie ihr Fehlverhalten kaum einstellen. Wörter sind die Leitlinien, die Kindern – über das Gefühl, akzeptiert zu werden – helfen, Selbstkontrolle zu erlernen. Kinder zu respektieren wird nicht dazu führen, daß sie ungehemmt jedes ihrer Gefühle bis zur Neige ausleben, sondern sie vielmehr dazu erziehen, richtig zu handeln.

Viele Eltern nehmen die Aussagen ihrer Kinder bezüglich deren Gefühlslage nicht ganz ernst und begegnen ihnen mit einem: „Nein, das bist du nicht". Wenn Sie Ihrem Kind etwa so antworten: „Nein, du bist nicht müde", „Nein, das ist nicht nett, so etwas zu sagen" oder „Nein, das hast du nicht so gemeint", vermitteln Sie ihrem Kind damit, daß seine Gefühle nichts gelten. *Wie können wir aber von unseren Kindern erwarten, daß sie uns vertrauen, wenn wir ihnen unsererseits kein Vertrauen entgegenbringen?*

Weitaus effektiver wäre hier, die Gefühle des Kindes auszudrücken und die augenblickliche Stimmungslage zu reflektieren. So könnten Sie zum Beispiel sagen: „Ich weiß, daß du müde bist", „Ich sehe, wie böse du auf Max bist" oder „Das hört sich an, als könntest du deinen Lehrer nicht leiden".

> Wörter sind die Leitlinien, die Kindern helfen – über das Gefühl, akzeptiert zu werden – Selbstkontrolle zu erlernen. Kinder zu respektieren wird nicht dazu führen, daß sie ungehemmt jedes ihrer Gefühle bis zur Neige ausleben, sondern sie vielmehr dazu erziehen, richtig zu handeln.

Eltern, die die Gefühle ihrer Kinder verletzen oder ignorieren, erreichen damit schließlich nur, daß die Kinder ihren eigenen Gefühlen und Instinkten nicht mehr vertrauen und sich daran orientieren, was ihre Eltern fühlen. In der Adoleszenz und im Erwachsenenalter manifestiert sich solches Verhalten in der ständig wiederholten Aussage: „Ich weiß auch nicht, wie ich mich fühle. Ich bin ziemlich durcheinander.“ Diese Unsicherheit und das mangelnde Selbstbewußtsein werden beim Erwachsenen zu dem Bestreben führen, sich stets an der Meinung anderer Personen zu orientieren und in allem deren Zustimmung bekommen zu wollen. Es kann sogar so weit gehen, daß die betroffene Person sich darüber identifiziert, wie *sein Gegenüber* auf die eigene Erzählung reagiert. Das heißt, es ist ein bißchen so, als würden sie fragen: „Da ich gerade ein wenig durcheinander bin ... würden Sie mir wohl sagen, wie ich mich fühlen sollte?“ Genau das ist der Grund, warum es so wichtig ist, Kindern *immer* zu verstehen zu geben, sie können ihre Gefühle frei zum Ausdruck bringen; sie werden dann, je älter sie werden, mit um so mehr Selbstvertrauen in ihre eigenen Gefühle die wirklich wichtigen Entscheidungen in ihrem Leben angehen können.

Oft genug entschuldigen sich Erwachsene gegenseitig und nehmen zuvor ausgesprochene Worte zurück. Der Grad unserer Reife und Entwicklung erlaubt uns einen solchen Umgang miteinander. Wir dürfen aber nicht vergessen, daß Kinder in ihrer Entwicklung noch nicht so weit sind. Für sie können Wörter nicht zurückgenommen – und damit unausgesprochen gemacht – werden. „Wörter können wie Bomben einschlagen“ (Ginott) und können tief verletzen. Kinder mögen vielleicht verzeihen, doch vergessen werden sie nicht!

Es ist weitaus besser, einem Kind das Benehmen, das Sie von ihm erwarten, zu beschreiben, als daß Sie seinen Charakter oder seine Persönlichkeit angreifen: „Simone, während wir im Restaurant sind, erwarte ich von dir, daß du an unserem Tisch bleibst. Ich weiß, daß das für dich etwas schwierig werden könnte.“ *Kinder mögen vielleicht nicht immer gehorchen – doch in den meisten Fällen hören sie zu.*

Sich vor dem Aussprechen ausreichend Gedanken über die Wahl der eigenen Worte zu machen, schafft die Grundlage für eine richtige Haltung dem Kind gegenüber. Diese geänderte Herangehensweise wird es Ihnen möglich machen, bei der nächsten Gelegenheit, bei der Sie Ihrem Kind eine Bitte abzuschlagen haben, ruhiger und entspannter zu sein. *Wörter sind überaus wichtig – wählen Sie sie sorgfältig!* Vergessen Sie außerdem niemals: Sich gegenseitig zu achten erfordert ständige Aufmerksamkeit. Es ist nur natürlich, daß kleine Kinder ihre Macht ausprobieren, ebenso wie sie die Verläßlichkeit der elterlichen Grenzziehung testen wollen. Ein Kind verstößt ja nicht deshalb gegen eine Regel oder ein Verbot, nur um etwas Verbotenes zu tun, sondern es will in erster Linie Ihre Reaktion austesten. Bleiben Sie in Ihrem Respekt und Ihrer Rücksichtnahme geduldig und konsequent – und Ihr Kind wird eher früher als später auf Ihre Wünsche eingehen.

Wörter sind überaus wichtig – wählen Sie sie sorgfältig! Vergessen Sie außerdem niemals: Sich gegenseitig zu achten erfordert ständige Aufmerksamkeit.

## *Alternativen zum „Neinsagen"*

Überlegen Sie sich eine Formulierung, die Sie ihrem Kind gegenüber immer dann gebrauchen wollen, wenn Sie ihm etwas abschlagen müssen oder ein Fehlverhalten korrigieren – und die es Ihrem Kind erlaubt, sich besser zu fühlen als bei einem rigorosen „Nein".

So können Sie zum Beispiel den Satz „Ich weiß, daß du das verstehst" immer dann anbringen, wenn Sie ein bestimmtes Verhalten genau erklären und das Gefühl haben, daß Ihr Kind auch verstanden hat, was Sie nun von ihm erwarten. *Wie* Sie etwas sagen, kann dabei genauso wichtig sein, wie das, *was* Sie sagen. Ihr Tonfall sollte dabei verständnisvoll und positiv klingen und nicht so, als würden Sie schon das Fehlverhalten vorwegnehmen. Alle Worte, die Sie an Ihr Kind richten, sollten es spüren lassen, daß Sie es achten und daß Sie Vertrauen zu ihm haben. Richten Sie die neu gefundene Redewendung einmal an sich selbst – Sie werden den Unterschied zu dem sonst üblichen Satz „Nein, tu das nicht, laß das!" spüren. Die Wahl der richtigen Worte zusammen mit einem verständnisvollen aber bestimmten Tonfall, wird einerseits das richtige Verhalten Ihres Kindes unterstützen und andererseits – sowohl bei Ihnen als auch bei Ihrem Kind – die richtigen Gefühle erzeugen.

### *Warum diese Wörter funktionieren*

Der Satz *Ich weiß, daß du das verstehst* vermittelt dem Kind vier Lektionen:

1. Sie bringen Ihrem Kind Achtung entgegen, da Sie ihm sagen, daß Sie *wissen*, daß es etwas schon besser kann.
2. Er erlaubt dem Kind, über sein Fehlverhalten nachzudenken, ohne eine Strafe befürchten zu müssen. Das wird dazu beitragen, sein Bewußtsein für das richtige Verhalten zu fördern.
3. Sie sagen Ihrem Kind, daß es die Intelligenz besitzt, um zu verstehen.
4. Sie *vertrauen* dem Kind, daß es sein Fehlverhalten ändern kann.

Ein Vater tadelt seinen vier Monate alten Sohn: „Verstehst du denn nicht, was ich sage? Muß ich es dir noch einmal sagen?" Ein anderer: „Alex, ich weiß, daß du mich verstanden hast." Was für einen Unterschied die richtigen

Worte doch ausmachen können! Wenn Sie dabei sind, ein Fehlverhalten zu erklären oder dem Kind das richtige Verhalten auseinanderzusetzen, enthält die Aussage *Ich weiß, daß du das verstehst* alle richtigen Botschaften: Du bist klug, ich vertraue dir, ich respektiere dich. Die richtigen Worte helfen dabei, Selbstwertgefühl und Selbstbeherrschung aufzubauen. Nutzen Sie diese Momente des Lernens, um Ihr Kind dazu zu motivieren, sich richtig zu verhalten. Im Laufe der Zeit wird es von sich aus das richtige Verhalten an den Tag legen!

Wenn Sie dabei sind, ein Fehlverhalten zu erklären oder dem Kind das richtige Verhalten auseinanderzusetzen, enthält die Aussage *Ich weiß, daß du das verstehst* alle richtigen Botschaften: Du bist klug, ich vertraue dir, ich respektiere dich. Die richtigen Worte helfen dabei, Selbstwertgefühl und Selbstbeherrschung aufzubauen.

Ein „Nein" ist sehr schnell gesagt. Oft hört man den Ratschlag: „Haben Sie keine Angst vor einem ‚Nein'. Es ist ganz in Ordnung, es so oft und mit so viel Nachdruck wie eben nötig, auszusprechen." Tatsächlich aber müssen Eltern das Wort „nein" gar nicht so oft strapazieren, wenn es darum geht, einem Fehlverhalten Einhalt zu gebieten oder eine Bitte abzuschlagen. Schon allein dadurch, daß Sie die Informationen wiederholen, die Sie dazu geführt haben, wird das Kind dazu veranlassen, darüber nachzudenken, warum es im Augenblick eine bestimmte Sache nicht bekommen kann oder warum es mit seinem Verhalten aufhören soll. Dieses Kommunikationsprinzip ist überaus wirksam und wird Ihrem Kind eine Hilfe dabei sein, auf schnellstem Wege eine gewisse Selbstkontrolle zu erlernen. In gleichem Maße, wie Ihr Kind auf einer Sache beharrt, werden Sie ihm mit Fakten und Informationen antworten. Es lohnt sich, an dieser Stelle zu wiederholen, daß es *nicht darum geht, wie schnell Sie Ihr Kind dazu bringen, mit irgend etwas aufzuhören, sondern wie schnell Sie es dazu bringen können selbst zu denken!*

### *Fünf Gründe, warum Fakten besser sind als das Wort „nein"*

1. Fakten erlauben dem Kind, selbst Schlußfolgerungen zu ziehen und zu seinen eigenen Antworten und Lösungen zu kommen.
2. Sie nehmen das Gewicht von dem Eindruck und dem Gefühl, die Eltern wären gerade ungerecht und unsensibel.
3. Sie machen die Eltern nicht zu Personen, die ständig nein sagen.
4. Sie demonstrieren Respekt gegenüber der Fähigkeit des Kindes zu verstehen.
5. Sie reduzieren den Groll und Ärger des Kindes.

### *Zusammenfassung*

Wie sollten Eltern reagieren, wenn sich Ihr Kind nicht richtig verhält und sie „nein" sagen müssen? Die Antwort liegt hier in der Wahl der richtigen Worte. Manchmal ist das, was Sie *sagen,* von größerer Bedeutung als das, was Sie *tun.* Viele Eltern glauben, sie müßten auf die Wutanfälle Ihres Kindes sofort reagieren. Das ist durchaus verständlich – da es doch nicht gerade einfach ist, lautes Schreien und Toben zu ertragen. Und doch sollten Sie das Kind, bevor Sie es wegbringen, es fortziehen oder aufheben, mit den richtigen Worten konfrontieren. Für ein Kind wird es besser sein zu hören „Ich weiß, daß du eigentlich schon klüger bist. Sand gehört nicht in deinen Mund. Er ist schmutzig und kann deinem Bauch weh tun", oder „Ich weiß, daß du das versteht", als wenn es ein „Habe ich dir nicht gesagt ..." zu hören bekommt. Verständnisbekundende Sätze werden die Selbstkontrolle eines Kindes stärken und weitaus schneller dazu führen, daß es sich beruhigt.

---

***Das Geheimnis, wie Sie das Beste aus Ihrem Kind herausholen, ist, das Beste aus sich selbst herauszuholen!***

---

# Fünftes Kapitel: Grenzen setzen

Alle Eltern sind sich wohl darin einig, daß Kinder Grenzen brauchen. Worin sie dagegen keineswegs übereinstimmen, ist der Zeitpunkt dieser Grenzsetzung und die Mittel, sie durchzusetzen. Dann gibt es wiederum Eltern, die sich unglücklicherweise überhaupt keine Gedanken über ihre Erziehungsmethoden machen. Sie leben mit ihren Kindern von Augenblick zu Augenblick, nehmen es einmal mit dem Gehorsam peinlich genau und entschuldigen ein anderes Mal groben Ungehorsam – alles eher nach dem Zufallsprinzip.

Der eigentliche Knackpunkt dieser Frage liegt aber wohl in der grundsätzlichen Einstellung der Eltern. Manche Eltern glauben, daß sie nur einmal die Grenzen festlegen müßten, und dann sei alles klar. Das ist es aber gerade nicht! Vielmehr ist es ein lebendiger Prozeß, der ständigen Veränderungen unterworfen ist. Wozu Sie morgens „nein" sagen, kann bereits ein paar Stunden später zu einem „Ja" werden. So kann eine Mutter zum Beispiel versehentlich sagen: „Heute gibt es keinen Saft mehr, Ellen" – und schon entsteht ein Widerspruch, wenn das Kind zum Abendbrot doch noch Saft zu trinken bekommt. Man sollte sich angewöhnen, konsequent die richtigen Informationen oder Anweisungen zu erteilen; das ist unbedingt erforderlich. „Du hattest schon drei Gläser Saft, Ellen. Ich weiß, daß du gerne noch mehr hättest, aber wir belassen es für heute morgen dabei."

Kleine Kinder sprechen eher auf Grenzsetzungen an, wenn sich ihre Eltern auf etwas Bestimmtes beziehen, das erlaubt oder nicht erlaubt wird, als wenn sie mit generellen Ge- und Verboten konfrontiert werden. Wenn zum Beispiel ein Vater oder eine Mutter sagt: „Du darfst nur ein bißchen gegen den Stuhl trommeln, Andreas", wird Andreas diese Aussage als Aufforderung verstehen, seine Grenzen auszuloten. Bedeutet „ein bißchen" dreimal, zehnmal oder fünfzigmal? Er wird darangehen, es herauszufinden! Es ist besser, in einem solchen Fall zu sagen: „Du kannst zwei Mal gegen den Stuhl schlagen, Andreas." Auch wenn er den Stuhl noch ein drittes Mal bearbeiten wird, kann er doch *nicht* verunsichert darüber sein, wo seine Grenze lag. Schließlich werden dann die möglichen Konsequenzen, die einer solchen Grenzüberschreitung folgen, keine Überraschung für ihn sein – vielleicht unangenehm, aber nicht ungerecht! Kleine Kinder werden auch weitaus besser auf Grenzen ansprechen, wenn die Angaben der Eltern konkret sind, und es sich bei den Anordnungen nicht um abstrakte Informationen handelt. Der fünfjährige David wird weit besser auf den Satz „Wir müssen in fünf Minuten gehen" reagieren als auf die vage Aussage „Es ist bald Zeit zu gehen".

Kleine Kinder werden weitaus besser auf Grenzen ansprechen, wenn die Angaben der Eltern konkret sind, und es sich bei den Anordnungen nicht um abstrakte Informationen handelt.

Manchmal bereiten Eltern ihre Kinder darauf vor, daß sie es nun „wirklich ernst" meinen, indem sie eine ernste Miene aufsetzen, mit Konsequenzen drohen oder ihre Stimme senken. Sie glauben, daß so etwas auf die Kinder Eindruck macht. Kinder können jedoch beurteilen, wann ihre Eltern ihnen gegenüber ehrlich sind und wann nicht. Andererseits ist es jedoch so, daß Stimme, Hände, Gesichtsausdruck und bestimmte Handlungen, wenn sie richtig eingesetzt werden, durchaus als *echte Werkzeuge* dienen können, um Situationen vor dem Eskalieren zu bewahren. Ob und wie schnell neue Grenzen akzeptiert werden, wird davon abhängen, mit welcher Konsequenz sie eingeführt und an ihnen festgehalten wird.

Die Kinderpsychologin Louise Guerney meint, Grenzen sollten grundsätzlich immer nur dann eingeführt werden, wenn sie *tatsächlich* nötig für Sie und Ihr Kind sind. Allerdings sollte *„jedesmal,* wenn sie vom Kind nicht eingehalten werden" wieder mit Nachdruck auf sie hingewiesen werden. Das ist der springende Punkt, wenn Sie für Ihr Kind wirklich glaubwürdig sein sollen: Neben dem psychologischen Nutzen kann sich das Kind geborgen und gleichzeitig auch vor physischen Gefahren geschützt fühlen. Folglich hilft die Bekräftigung einer von Ihnen gesetzten Grenze dem Kind weniger ängstlich zu sein und an Selbstsicherheit zu gewinnen.

Im Gegensatz dazu werden inkonsequent eingehaltene Grenzen ihr Kind dazu führen, im täglichen Alltag immer ängstlicher zu reagieren: denn – da es *nie weiß,* wann oder wie es von Ihrem „Disziplin-Hammer" getroffen wird. Das Kind wird bei sich denken „Ich weiß, daß ich über die Stränge geschlagen habe" und wird dann ängstlich darauf warten, daß die Strafe oder Vergeltungsmaßnahme erfolgt. Das Kind lebt in ständiger Unsicherheit und wird außerdem in seinem Verhalten noch bestärkt, da die Eltern nicht fähig sind, dieses zu korrigieren. Eltern, die es nicht schaffen, auf den festgesetzten Grenzen zu beharren, geben damit ein gutes Stück ihrer Autorität an ihre Kinder ab. Das könnte schließlich bei dem Kind zu dem Gefühl führen „Ich bin schlauer und mächtiger als ihr". Es bedeutet zunächst eine großartige Bestätigung für ein Kind, gegen einen Erwachsenen „gewonnen" zu haben. Auch wenn es diesen Sieg auf der einen Seite genießt und feiert, ist es andererseits doch über diese neugewonnene Kraft auch verunsichert: Wer wird nun für seine Sicherheit sorgen? Wer wird es nun beschützen? Genau das ist der Grund, warum Eltern gründlich darüber nachdenken sollten, bevor sie sich entschließen, gewisse Grenzen oder Regeln für ein bestimmtes Verhalten einzuführen. Eltern sollten sich fragen: „Ist diese Grenze wirklich notwendig? Paßt sie zu der augenblicklichen Situation? Kann sie aufrechterhalten werden?"

Eine ungeschickt eingeführte, als ungerecht empfundene Reglementierung ist manchmal schädlicher, als wenn gar keine Grenze gesetzt worden wäre. Ein Beispiel: Die vierjährige Eva faßte ein Päckchen mit Süßigkeiten an, während sie mit ihrer Mutter in der Warteschlange des Supermarktes stand. „*Nein* Eva! Steh still und bewege dich nicht, solange wir in der Schlange stehen." Nach einer kurzen Zeit bewegte sich die Warteschlange ein Stück vorwärts. Als Eva sich nicht rührte, packte ihre Mutter sie am Arm und rief: „Beweg dich, Eva! Was bleibst du denn jetzt stehen?" Vielleicht dachte Eva „Weil du mir gesagt hast, ich soll stehenbleiben."

Als die Mutter des dreieinhalbjährigen Alex ihn eines Tages ins Auto setzte, um ihn zu ihren Einkäufen mitzunehmen, sagte sie zu ihm: „Ich warne dich, Alex: Wenn du dich nicht benimmst, werde ich dich sofort wieder nach Hause bringen." Diese simple kleine Aussage birgt drei Probleme in sich: Erstens gab es für die Mutter noch gar keinen Anlaß, ihre Einkäufe abzubrechen – es gab also noch keinen Grund, die Grenze derartig zu betonen. Zweitens ist der Begriff „benehmen" so vage, daß Alex gar keinen Raum zugestanden bekommt, er selbst zu sein. Was heißt denn, sich zu benehmen? Kinder brauchen genaue Angaben: „Ich erwarte von dir, daß du im Einkaufszentrum nicht herumrennst, Alex. Ich weiß, daß du verstehst, was ich meine." Und drittens enthielt die frühe Drohung, die Alex erhielt („Ich warne dich, Alex"), die Botschaft: „Ich erwarte von vornherein ein Fehlverhalten von deiner Seite." Unglücklicherweise wirkt diese Art von Kommunikation geradezu wie eine Herausforderung und führt letztlich zu den bekannten Machtkämpfen.

Bei einem Verstoß sollte man es nicht zu einem Wettstreit zwischen Eltern und Kindern kommen lassen. Auch wenn Ihr Kind die von Ihnen gesetzten Grenzen drei, vier oder fünfmal testet und Ihre Geduld über Gebühr strapaziert, sollten Ihre Stimmung, Ihre ruhige Art (oder auch mal Ihre ärgerliche Entgegnung, wo sie angebracht ist) und die angekündigten Konsequenzen konstant bleiben. Auf diese Art wird es sowohl für Sie als auch für Ihr Kind einfacher, die nächsten Grenzen einzuführen beziehungsweise einzuhalten.

Manche Eltern haben – außer bei gefährlichen Situationen – Schwierigkeiten damit, dem Verhalten ihrer Kinder überhaupt Grenzen zu setzen, weil sie sich vor der Zurückweisung durch die Kinder fürchten. Das eigene Bedürfnis, geliebt zu werden, ist so groß, daß sie es nicht riskieren wollen, von ihren Kindern eine Reaktion zu erhalten, die für sie unangenehm ist. Als sich die vierjährige Melanie auch nach der vierten oder fünften Aufforderung noch immer nicht von ihrem Spielplatz trennen wollte, war das Schärfste, was ihre Mutter ihr entgegenzusetzen hatte, der Satz: „Bitte, Melanie, ich muß darauf bestehen. Du bist gerade ungerecht. Ich bekomme gleich Kopfschmerzen." Diese Art von undeutlicher Kommunikation setzt dem Kind keine echten Grenzen und wird Ihnen aller Wahrscheinlichkeit nach nicht den gewünschten Erfolg bringen.

> Die Gefahr bei *zu vielen* Regeln ist die, daß Ihr Kind letztlich anfangen wird, gegen die Grenzsetzungen zu rebellieren und zu kämpfen, sie zu ignorieren oder einen Weg zu suchen, sie auszutricksen und zu umgehen.

Andererseits gibt es wiederum Eltern, die dem Verhalten ihrer Kinder mit harten Restriktionen begegnen und zu viele Grenzen setzen – sowohl zu Hause als auch außerhalb. Die Gefahr bei *zu vielen* Regeln ist die, daß Ihr Kind letztlich anfangen wird, dagegen zu rebellieren und zu kämpfen, sie zu ignorieren oder einen Weg zu suchen, sie auszutricksen und zu umgehen.

Versuchen Sie, das Ziehen von Grenzen auf eine positive Art und Weise zu regeln, wie es der Familie im folgenden Beispiel gelungen ist: Bevor sich alle zum gemeinsamen Abendessen zusammensetzen, wäscht sich jedes Familienmitglied die Hände am Küchenwaschbecken. Heute tat es die fünfjährige Sophia einmal nicht.

Mutter: „Erinnerst du dich an die Regel über das Händewaschen vor dem Abendessen, Sophia?"

Sophia: „Nein, tu ich nicht."

Mutter: „Tja, kann ich dir vielleicht helfen, dich daran zu erinnern, Sophia? Die Regel lautet, daß es kein gemeinsames Abendessen gibt, bevor deine Hände nicht gewaschen sind."

Sophia: „Ich will aber nicht."

Mutter: „O. K. Du willst deine Hände also nicht waschen. Du kennst aber auch die Regel: Wenn du dein Abendbrot mit uns am Tisch essen willst, mußt du dir erst die Hände waschen. Du hast die Wahl."

Sollte Sophia dann immer noch darauf bestehen, nicht mitessen zu wollen – respektieren Sie ihre Wahl. *Dehnen* Sie die Konsequenzen *nicht* über die Zeit des Abendessens hinaus. Wenn sie später eine Kleinigkeit zu essen haben möchte, ist das in Ordnung. Es ist nicht nötig, Sophia zu ermahnen oder an ihre frühere Wahl zu erinnern. In den Augen eines Kindes sind lange Erklärungen ein Zeichen von Schwäche der elterlichen Willenskraft. Kinder interpretieren solche langen „Ansprachen“ als etwas wie: „Meine Eltern reden mehr, als daß sie handeln.“

Die Konsequenzen eines Verstoßes sollten immer in Relation zu diesem Verstoß stehen. So ist zum Beispiel kindliches Verhalten wie Quengeln („Nimm mich hoch, nimm mich hoch!“ oder „Mehr, mehr, mehr!“) eher nervenaufreibend, als daß es wirklich eine Strafe verdiente. Eltern sollten diesen Prozeß sich ruhig ausleben lassen und damit die Botschaft bekräftigen: „Ich werde meine Meinung nicht ändern – du wirst wohl oder übel dein Verhalten ändern müssen.“ So könnten Sie zum Beispiel sagen: „Ich sehe, daß du noch mehr haben willst, Lisa. Ich wünschte, du könntest mehr haben – aber ich habe dir gesagt, es gibt nur eins. Du kannst jetzt hier spielen, wenn du Lust hast, oder zum Spielen in dein Zimmer gehen. Du hast die Wahl. Ich sehe, daß du ärgerlich bist. Ich wünschte, du könntest mehr haben – aber es geht nicht. Du kannst wählen – spiel hier oder in deinem Zimmer.“

Sie werden im Laufe des Textes daran erinnert werden, wie Sie während einer bestimmten Entwicklungsphase mit Ihrem Kind sprechen sollten. Die Prinzipien und die zugrundeliegende Philosophie, auf denen die Fortschritte im Benehmen basieren, sind Wiederholung und Geduld. Ein gutes Beispiel ist in diesem Zusammenhang der dreijährige Matthias, für den es nicht einfach war zu lernen, aufs Töpfchen zu gehen. Auch wenn seine Eltern ihn über die Maßen lobten und betonten, was für ein großer Junge er doch schon sei, wenn er einmal daran dachte, das Töpfchen zu benutzen, so behandelten sie ihn doch sonst – besonders auch in der Öffentlichkeit – wie ein Baby: „*Nein* Matthias, geh da nicht so nah heran. Dafür bist du noch zu klein!“ oder „Diese Spielsachen sind etwas für Babys, Matthias. Hier … spiel lieber damit.“ Matthias war gerade dabei zu versuchen, aus einer Entwicklungsstufe herauszuwachsen, aufs Töpfchen zu gehen und damit eine neue Art von

Selbstsicherheit zu erfahren. Dabei wurde er jedoch ständig – entweder von seinem Vater oder von seiner Mutter – daran erinnert, daß er doch eigentlich noch ein Baby sei und noch nicht alt genug, um ihm gewisse Dinge auch zuzutrauen. Eltern sollten unbedingt darauf achten, in bestimmten Entwicklungsphasen eine gewisse Regelmäßigkeit in der Wahl ihrer Worte beizubehalten, um einen natürlichen Reifeprozeß ihres Kindes zu fördern.

Diese neuen Kommunikationsmethoden ihrem Kind gegenüber sind nicht darauf angelegt, *sofort* zu funktionieren. Das Kind jedoch wird von Anfang an auf sein eigenes Verhalten und in Richtung Selbstkontrolle gelenkt, und so kann sich ein Eltern-Kind-Konflikt gar nicht erst entwickeln! Das ist auch der Grund, warum kleine Kinder mehrere Chancen bekommen sollten, selbst die richtigen Entscheidungen zu treffen; nach einer gewissen Zeit wird sich ihre Aufmerksamkeit auf das eigene Verhalten verlagern und ist somit nicht mehr von der Kontrolle der Eltern abhängig.

## *Erlauben Sie Ihrem Kind, zu protestieren*

Wenn Sie Grenzen einführen und durchsetzen, so achten Sie dabei darauf, dem Kind nicht auch noch eine zusätzliche Grenze zu setzen, nämlich die, wie lange es gegen ein bestimmtes Gebot protestieren darf. „Hör endlich auf zu weinen, Peter! Benimm dich mal wie ein großer Junge. Ich werde dich einfach nicht mehr beachten, wenn du so weitermachst. Wenn du nicht damit aufhörst, darfst du überhaupt nicht weggehen!" Natürlich ist es für Eltern nervenaufreibend und frustrierend, einem ununterbrochenen Gejammer zuhören zu müssen. Auch Eltern haben, genau wie Kinder, unterschiedlich hohe Toleranzgrenzen für Frustrationen und Enttäuschungen, bis zu denen sie belastet werden können. Es gilt jedoch zu bedenken, daß je länger man ein kleines Kind protestieren, weinen und schreien läßt, ohne es zu kritisieren oder auf eine andere Art zu demütigen, desto kürzer wird der Gefühlsausbruch schließlich dauern.

Während eines solchen Vorfalls sollten die Eltern die Gefühle und Stimmungen ihres Kindes immer wieder reflektieren. Wenn sie die Vorstellungen ihres Kindes von ihrem eigenen Gemütszustand als eine Art von natürlichen, inneren Monolog betrachten und nicht eingreifen, wird dessen schlechte Laune oder Ungeduld um so schneller vergehen. So könnten Sie zum Beispiel sagen: „Ich weiß, daß Alex darüber wütend ist, daß wir jetzt gehen müssen. Ich weiß, daß Alex auf Papa böse ist, weil er ihn von seinen Spielsachen trennt. Es ist jetzt Zeit zu gehen – aber wir werden wiederkommen. (Pause) Alles wird hier noch genauso stehen, wenn wir wiederkommen. Ich weiß, daß du wütend bist. Ich weiß, daß du gerne bleiben würdest. Papa kann sehen, wie böse du bist. Wir werden bestimmt wiederkommen!" Eine solche Szene kann sich zwei, fünf oder auch zehn Minuten hinziehen. Alex wird – auch wenn er es im Moment noch nicht ausdrücken kann – eher Ihr Verständnis für seine Frustration und seinen Ärger, als die Durchsetzung des Zeitlimits in Erinnerung behalten. Wenn es anders wäre, würde sich bei dem Jungen ein unterdrückter „innerer Ärger" aufstauen, der zu einem späteren Zeitpunkt aus ihm herausbrechen müßte und die Eltern in ziemliches Erstaunen versetzen könnte: „Ich weiß gar nicht was er hat. Es hat aus dem Nichts heraus angefangen." Wenn Kinder sich wohlfühlen, ist in der Regel auch ihr Verhalten in Ordnung.

Ein Ergebnis dieses Kommunikationsprozesses ist es also, daß das Kind nicht genötigt wird, seinen Ärger zu verdrängen. Ein solcher Ärger würde sich auch weniger auf die ursprünglich erlittene Enttäuschung oder Ihr „Nein" beziehen, als vielmehr von dem Gefühl, abgewiesen und ignoriert worden zu sein, herrühren. Während Sie die Gefühle Ihres Kindes schildern oder widerspiegeln, wird die Intensität des kindlichen Gefühlsausbruchs ganz von selbst nachlassen. Das kommt daher, daß das Kind sich in diesem Moment verstanden und im Mittelpunkt Ihrer Aufmerksamkeit fühlt.

Während Sie die Gefühle Ihres Kindes schildern oder widerspiegeln, wird die Intensität des kindlichen Gefühlsausbruchs ganz von selbst nachlassen. Das kommt daher, daß das Kind sich in diesem Moment verstanden und im Mittelpunkt Ihrer Aufmerksamkeit fühlt.

Es ist wichtig, daß Sie diesen Prozeß der Reflexion oder Spiegelung der kindlichen Gefühle sehr ernst nehmen und dabei sehr aufrichtig sind. Kleine Kinder registrieren sehr genau, wann ihnen etwas Unnötiges oder gar Falsches gesagt wird. Unaufrichtigkeit macht sie nur noch wütender!

Manchmal ist es bei Erwachsenen nicht anders. Ich bin sicher, auch Sie haben schon einmal eine solche Situation erlebt: Ein letzter Kunde erscheint in dem Augenblick vor einem Geschäft, als es gerade geschlossen werden soll. Sagt der Geschäftsinhaber oder die Geschäftsinhaberin dann: „Nein, tut mir leid, ich kann Sie nicht mehr hereinlassen", wird der Kunde oder die Kundin alle Überredungskunst aufwenden, um doch noch eingelassen zu werden. Wenn das keine Wirkung zeigt, wird der Kunde/die Kundin vielleicht eine Geschichte über einen besonderen Notfall erfinden oder beteuern: „Ich werde mich auch sehr beeilen." Nach einer Reihe solcher Reden und Gegenreden werden Sie beobachten können, wie der Kunde/die Kundin immer frustrierter und ärgerlicher wird und gleichzeitig immer weniger bereit, ein einfaches „Nein" zu akzeptieren. Das kann schließlich bis zu den heftigsten Schimpftiraden führen und zu der Drohung, man werde nie wieder in diesem Geschäft einkaufen, man werde auch allen Freunden von dieser Geschichte erzählen und diese dazu bringen, ebenfalls nicht mehr dort einzukaufen. Wäre der Geschäftsinhaber/die Geschäftsinhaberin mehr auf den Kunden oder die Kundin *eingegangen,* so hätte er oder sie sich verstanden gefühlt und weitaus gelassener mit der Tatsache umgehen können, daß der Laden nun einmal geschlossen werden muß. „Es tut mir sehr leid. Ich sehe, wie wütend Sie sind. Sicher sind Sie ein ganzes Stück gefahren, um hierher zu kommen, und ich wünschte, ich könnte den Laden noch einmal öffnen; aber unsere Bestimmungen besagen, daß wir das Geschäft um 18.00 Uhr zu schließen haben. Ich verstehe ja, daß Sie sehr enttäuscht sind." Überlegen Sie einmal, wie viel besser Sie selbst sich fühlen würden, wenn auf diese Weise mit Ihnen gesprochen würde. Warum sollte es für ein kleines Kind anders sein?!

Zudem ist es überaus wichtig, daß die Reaktion auf eine kindliche Grenzüberschreitung stets zusätzlich noch die Botschaft enthält: *Ich weiß, daß du es eigentlich besser weißt.* Fördern Sie die Selbstsicherheit Ihres Kindes! Ihre Reaktion sollte die Korrektur des Fehlverhaltens nicht stärker betonen als Ihr Vertrauen darauf, daß Ihr Kind es das nächste Mal besser machen wird. Manchmal kann schon ein Blick oder ein einziges Wort weit mehr ausrichten als kleine „Predigten" und Kindern dabei helfen, ihre Aufmerksamkeit auf das eigene Verhalten zu lenken. Schließlich muß auch jedes Fehlverhalten einen Kommentar nach sich ziehen. Das hilft Kindern dabei, den eigenen Sinn für das, was richtig oder falsch ist, zu schärfen. Und diese Erkenntnis ist ja genau das, was das Kind lernen soll.

Andererseits müssen aber die angekündigten Konsequenzen strikt eingehalten werden. Genauso wie ein Kleinkind versuchen wird, die gesetzten Grenzen zu erweitern, müssen die Eltern ihrerseits fest bleiben.

*Die richtige Botschaft aussenden*

Es hängt ganz stark vom Reifegrad eines kleinen Kindes ab, inwieweit es überhaupt verstehen kann, wozu Sie „nein" sagen. Wenn es Ihre Botschaft gar nicht versteht, bleiben Ihre Anweisungen ohne jeden Sinn, werden nur für Verwirrung sorgen und zu Frustrationen führen. „Nein" zu sagen ist kein „eindimensionaler Vorgang". Es ist offensichtlich nicht so, daß man einfach sagt: „Nein Robert" – und Robert hört mit dem, was er gerade tut, augenblicklich auf – und damit hat sich die Sache dann erledigt. Die Reaktion eines Kindes auf das Wort „Nein" besteht vielmehr aus drei Teilen: Zunächst fühlt das Kind die Wirkung emotional, dann muß es versuchen, das Warum intellektuell zu begreifen und schließlich muß es es noch schaffen, mit der erlittenen Enttäuschung fertig zu werden. Es kann manchmal bis zu fünfzehn Minuten in Anspruch nehmen, ein „Nein" wirklich gelungen zu vermitteln.

Beobachten Sie bei der nächsten Gelegenheit einmal genau das Gesicht Ihres Kindes, wie es reagiert, wenn Sie wieder ein „Nein" aussprechen und ein Fehlverhalten erklären müssen. Lassen Sie Ihr Kind spüren, daß Sie seine Enttäuschung wirklich verstehen wollen. Dies ist ein günstiger Augenblick, ihm zu zeigen, daß Sie beide ähnliche Gefühle haben. Es geht dabei natürlich nicht darum, daß Sie damit seine Einwilligung oder sein Einverständnis zu Ihrem „Nein" einholen. Sie nehmen damit nur den genau richtigen Zeitpunkt wahr, um das kindliche Befinden zu reflektieren. Wenn Ihr Kind noch zu klein oder nicht in der Lage ist, seine Gefühle verbal auszudrücken, so können Sie diesen Zustand der emotionalen Übereinstimmung trotzdem nutzen. Eine Möglichkeit besteht darin, die Stimmung des Kindes zu reflektieren oder zu spiegeln: „Ich sehe, daß Andy traurig und böse darüber ist, daß wir jetzt gehen müssen. Mami kann sehen, wie böse du bist." Diese

Art der Kommunikation baut Vertrauen auf, statt Groll und Ärger heraufzubeschwören. Sie basiert auf dem grundlegenden Prinzip, die Gefühle eines Kindes zu achten, ohne die von den Eltern gesetzten Grenzen zu schwächen oder abzuändern. Das Kind wird eventuell trotzdem mit einem Wutanfall auf Ihre ablehnende Antwort oder Ihr „Nein" reagieren. Doch er wird sich von einem Wutanfall unterscheiden, der durch Unverständnis, Ärger und Debatten verursacht wurde! Sie werden sehen – das Ergebnis eines solchen konstanten Stils der Kommunikation wird sein, daß Ihr Kind Selbstkontrolle entwickelt und die Stimmung in der ganzen Familie prinzipiell harmonisch ist.

Das Konzept des „Wohlwollens" läßt sich mit dem Umgang mit dem eigenen Bankkonto vergleichen (Stephen Covey): Paare vertrauen einander in der Regel auch in der Verfügung über ihre Konten. Die zugrundeliegende Botschaft lautet hier: „Du bist eine vertrauenswürdige Person." Die gleichen Prinzipien können auch bei Kindern angewandt werden: Ich bezeichne das als den „Kontostand des Vertrauens" – und der erfordert ein hohes Guthaben. Es beginnt damit, Verantwortung ohne Androhung von Konsequenzen oder Verweisen zu übertragen: „Hier, Robert, halte mal den Hammer für Papa. Nachher können wir gemeinsam die Nägel in die Wand schlagen." Es kommt oft vor, daß Eltern damit beginnen, auf diese Weise mit ihren Kindern zu sprechen, später jedoch enttäuscht und verärgert sind, wenn ihre Kinder die Situation ausnutzen wollen. Wir sollten darauf also gefaßt sein. Es gehört zu dem „täglichen Job" eines Kindes (vorausgesetzt, er oder sie wächst gesund heran), sich selbst und die Welt herauszufordern. Lernen ist ein ständiger Prozeß, der in allen Lebensbereichen stattfindet.

Und zu unseren „täglichen Aufgaben" gehört es, den Kindern dabei zu helfen, Ihre Selbstkontrolle zu stärken. Wir können dies erreichen indem wir (sobald die Dinge außer Kontrolle geraten) etwa sagen: „Ich sehe, Robert hat Schwierigkeiten damit, den Hammer hinzulegen" oder „Robert hat Schwierigkeiten, sich zurückzuhalten". Wenn Sie nun physisch einschreiten und Robert den Hammer aus der Hand nehmen, wird dies ohne psychischen Angriff auf seinen Charakter oder seine Persönlichkeit erfolgen. Robert wird weiterhin das Gefühl haben, des Vertrauens, das Sie ihm entgegengebracht haben, würdig zu sein. Mit der Zeit wird das Kind mehr und mehr auf Sie vertrauen, Ihnen offen seine Gefühle zeigen und Ihren Aufforderungen Folge leisten.

Erkennen wir also an, daß Kinder ähnlich intensive Gefühle haben wie wir. Wenn wir ihnen dann auch zugestehen, daß sie diese Gefühle äußern dürfen, dann öffnen wir auch neuem Verhalten die Tür. Wenn sich das nun ein wenig nach Therapie anhört – es ist eine! Der Unterschied besteht allein darin, daß Sie Ihr Kind nicht wöchentlich zu Therapiestunden zu schicken haben, und daß Sie viel Geld sparen!

Ihre konsequente Haltung und die Achtung, die Sie der Bereitschaft Ihres Kindes auf Sie zu hören, entgegenbringen, wird sich entscheidend und anhaltend auf Ihre Beziehung auswirken.

Ihre konsequente Haltung und die Achtung, die Sie der Bereitschaft Ihres Kindes auf Sie zu hören, entgegenbringen, wird sich entscheidend und anhaltend auf Ihre Beziehung auswirken.

Haben Sie sich diese Umgehensweise erst einmal zu eigen gemacht, wird Ihr „Vertrauenskonto" größer und größer und Ihr Verhältnis zueinander immer besser!

### *Konsequenzen*

Es gibt zwei verschiedene Konsequenzen, die Sie ziehen können, nachdem sie „nein" gesagt haben: Die erste Konsequenz bezieht sich auf ein *Nicht*-gehorchen: ein bestimmter Blick, das Kind wird aus dem Zimmer geschickt oder ein Besuch wird gestrichen. Achten Sie allerdings darauf Konsequenzen nicht *zu frühzeitig* anzudrohen. Denn das Kind verliert dann sein Vertrauen in seine Fähigkeit, das Richtige zu tun. Eine Androhung möglicher Konsequenzen ist geradezu eine Herausforderung an ihre Autonomie. So sagt vielleicht eine Mutter: „Wir müssen in fünf Minuten gehen, Alice. Wenn du in fünf Minuten nicht fertig bist, nehme ich dich nicht mit ins Kino." Diese Art von Kommunikation stellt den Konflikt zwischen Eltern und Kind in den Vordergrund und provoziert so von vornherein Auflehnung – und eine solche Auflehnung wird mit der größten Wahrscheinlichkeit schließlich zu einem richtigen Konflikt führen.

Auf der anderen Seite ist eine Ankündigung von zu erwartenden Konsequenzen und Strafen nach mehrmaligen Regelverstößen des Kindes oder nach seiner Weigerung, auf Ihre Anweisungen zu hören, nicht ganz unangebracht. Da der Vater oder die Mutter dem Kind beides – die ausreichenden Warnungen, als auch genügend Zeit zur Selbstkontrolle – gegeben hatte, versteht das Kind besser, die Folgen seinem eigenen Fehlverhalten zuzuschreiben und sie nicht als willkürlich zu empfinden. Dennoch ist es das beste, solcher „emotionalen Dynamik" mit der Sieben-Schritte-Methode (siehe Kapitel sieben) zu entgehen, die völlig auf den Einsatz von Drohungen verzichtet. Auf lange Sicht erlaubt dies dem Kind, zu eigenen Schlußfolgerungen zu finden, was wiederum dem Aufbau der Selbstkontrolle dient.

Das zweite und weit wichtigere Reaktionsmuster, das wir durch ein „nein" in Gang setzen, ist das, was tatsächlich *passiert*, wenn ein Kind auf Ihre Warnung nicht eingeht: Was passiert, wenn Sophia das Glas auf den Boden fallen läßt? Was geschieht, wenn Jan Schokolade an die Wände schmiert oder eine Tasse mit heißem Kaffee anfaßt? Ohne die ausführlichen Erklärungen eines Erwachsenen, welche Gründe hinter einem „Nein" stehen (oder gar eine Demonstration der Folgen, sollte dies machbar sein) ist das Kind allein auf seine Vermutungen angewiesen. Ruhige, geduldige und einfache Erklärungen helfen dem Kind dabei, die elterlichen „Neins" zu akzeptieren. Auch wenn das Kind vielleicht nicht auf das hört, was Sie ihm sagen, ist es doch letzten Endes das Verhalten der Eltern, das ein Kind erst in die Lage versetzt, Selbstkontrolle zu lernen. „Wenn das Glas auf den Boden fällt und zerbricht, können wir uns an den Scherben die Schuhe kaputtmachen oder uns gar verletzen, Sophia" oder „Schokolade ist zum Essen da. Ich werde böse, wenn Schokolade an den Wänden verschmiert wird, Jan."

Dies ist vielleicht ein günstiger Augenblick, um andere Methoden anzubringen oder Meinungen von Experten zu erwähnen, die lauthals verkünden, Eltern verschwendeten zuviel Zeit damit, sich auf die Gefühle ihrer Kinder zu konzentrieren. Sie vertrauen auf die Wirkung des Satzes „Mach das, weil ich es dir sage." Die meisten Eltern mögen dieser Einstellung vielleicht zustimmen. Und sie probieren alle möglichen Methoden aus, um sich durchzusetzen. Zum Schluß werden weder Eltern noch Kinder jemals voraussehen können, wie der andere in einem Konflikt wohl reagieren wird. Aus diesen Frustrationen ergibt sich dann das ärgerliche „Mein Wille gilt mehr als deiner". Letztlich sind solche Verhaltensweisen selbstzerstörerisch.

Man trifft manchmal auf den Standpunkt – auch von seiten vieler Experten –, daß Eltern viel zu weich geworden seien, weil sie Angst vor der Zurückweisung durch die eigenen Kinder hätten und fürchten, durch ihr Verhalten seelischen Schaden anzurichten. Was wir dagegen wirklich bräuchten, sei die alte Philosophie: „Wir sind die Eltern. Wir sagen, das wird so und so gemacht – und dabei bleibt es!" Gefühlen würde eine viel zu hohe Bedeutung beigemessen. Unsere Kinder würden eher früher als später gehorchen. Und man würde durch eine solche Erziehung schließlich gutes Verhalten erzielen, Diskussionen und Debatten aber zu einem Minimum herunterschrauben. Falsch! Einschüchterung oder die starke Hand sind ein sicheres Rezept für augenblicklichen Ärger, als auch für andauernden Groll – sowohl auf seiten der Eltern als auch auf der der Kinder.

Einschüchterung und Angst werden kurzfristig durchaus wirken. Damit hat man in den Klassenzimmern der fünfziger Jahre Kinder motivieren wollen. Damals galt der Intelligenzquotient eines Kindes als Maßstab für Leistung. Entweder man hatte ihn, oder man hatte ihn nicht. Bei Kindern mit einem durchschnittlichen oder gar überdurchschnittlichen IQ wirkten Einschüchterung und Angst in den meisten Fällen. Diese Kinder verstanden von Grund auf, was sie zu tun hatten. War der Intelligenzquotient nicht durchschnittlich, oder hatte das Kind mit emotionalen Schwierigkeiten zu kämpfen, kapitulierte es und verlor den Mut! Ein Kind, das man zu sehr drängt, wird eher versuchen, den Anschein zu erwecken, es *wolle* eine bestimmte Sache nicht tun, als zuzugeben, daß es gar nicht *kann*. Das ist eine enorme Verschwendung von menschlichen Fähigkeiten – und ist über viele Generationen hindurch noch spürbar.

Die Motivation eines Kindes, sein ganzes Potential auszuschöpfen, kann fast gänzlich zum Erliegen kommen, wenn wir es an der richtigen Art von Ermutigung fehlen lassen („Laß es uns noch einmal von einer anderen Seite aus betrachten, Eva" oder „Laß es uns zusammen versuchen, Nico"). Die falsche Herangehensweise der „Hard-Liner", die den Menschen als Person erniedrigt, versagt sowohl im Schul- als auch im Familiensystem. „Es geht nicht darum, genau zu wissen, wie etwas zu tun ist, sondern wie wir uns *verhalten*, wenn wir nicht genau wissen, was zu tun ist" (John Holt).

Manchmal ist auch einfach in Vergessenheit geraten, was wir vor Generationen gelernt haben. Das Verhalten und das Potential jedes Individuums, seine Bestimmung zu erfüllen, ist tief in der eigenen Überzeugung verwurzelt. Die Überzeugung „Ich kann das" bildet sich nicht unabhängig von anderen heraus, sondern rührt von dem Einfluß von mindestens einer weiteren Person her. Das ist auch der Grund, warum ich das Ziel der Erziehung nicht darin sehe, wie *schnell* Sie Ihr Kind dazu bringen können, mit einer bestimmten Sache aufzuhören, als vielmehr darin, wie *lange* Sie Ihrem Kind die Chance geben, *etwas richtig zu machen*. Kleinere und größere Kinder brauchen ständig Informationen, Erklärungen und Möglichkeiten, um ihren „Kompaß" für Moral und Selbstkontrolle zu stabilisieren. Konsequent eingesetzt, werden diese Prinzipien immer Erfolge erzielen. Es lohnt sich, an dieser Stelle zu wiederholen: *Wenn sich ein Kind wohlfühlt, wird es sich auch gut verhalten.*

> Das Ziel der Erziehung besteht nicht darin, wie *schnell* Sie Ihr Kind dazu bringen können, mit einer bestimmten Sache aufzuhören, als vielmehr darin, wie *lange* Sie Ihrem Kind die Chance geben, *etwas richtig zu machen*.

Dieser Prozeß des Verstehens läßt sich vielleicht mit einem ausländischen Film mit Untertiteln vergleichen: Ohne Untertitel verstehen Sie nur den halben Film! Und so ergeht es einem Kind: Es versteht die Welt erst, wenn Sie sie ihm auch erklären. „Siehst du das kleine Mädchen da drüben weinen, Max? Sie weint, weil ihm ihre Mutter die

Kekse weggenommen hat." Dieser Satz hilft Max zu verstehen, warum das andere Kind weint und nimmt ihm Angst. Manchmal empfinden Kinder etwas, was mit der augenblicklichen Situation gar nicht in Beziehung zu stehen scheint. Max, der die Szene mit dem kleinen Mädchen und deren Mutter beobachtet, erinnert sich dabei vielleicht an etwas, das ihm selbst zu Hause vor einiger Zeit passiert ist oder an etwas, das er im Fernsehen gesehen hat. Durch die oben geschilderte Art der Eltern-Kind-Kommunikation kann sich ein kleines Kind in ein bestimmtes Verhältnis zu Familie und Umwelt setzen. Kinder verlassen sich zunächst ganz auf uns, wenn es um die Deutung von Fakten oder das Einordnen von Gefühlen geht. Manchmal bedarf eine bestimmte Situation der Interpretation: „Diese Person ist ärgerlich und traurig, Robert" oder „Schau, Nicole – die Katze hat Angst!"

Ohne solche Erklärungen ist das Kind darauf angewiesen, entweder selbst eine Antwort auf seine Fragen zu finden, oder – was vielleicht noch schlimmer sein kann – andere Personen mit anderen Antworten und vielleicht anderen Wertvorstellungen werden dem Kind ihre Sicht der Dinge vermitteln. Das ist der Grund, warum man die Eltern auch als die ersten *Lehrer* ansieht.

## *Schon Kleinkinder wissen, wann sie sich falsch verhalten haben*

Wenn der dreijährige Robert seine Spielsachen in der Gegend herumwirft oder die zweijährige Lilly ihr Essen auf den Boden spuckt, werden deren Eltern gewiß sagen: „Nein, schmeiß/spuck das nicht auf den Boden." Dabei stellt sich die Frage: Meinen Sie wirklich, das Kind hat nicht gewußt, daß es das nicht tun soll? Von einigen Ausnahmen abgesehen, wissen die meisten kleinen Kinder, wann sie sich falsch verhalten. Ihnen mit einem „Nein" zu begegnen, bedeutet, ihnen immer und immer wieder zu signalisieren: „Du bist nicht besonders klug. Ich muß dich immer wieder an das richtige Verhalten erinnern!"

Es ist weitaus sinnvoller, das Verhalten des Kindes zu beschreiben: „Robert möchte also nicht mehr mit seinen Spielsachen spielen" oder „Lilly muß mit dem Essen fertig sein, weil sie es schon auf den Boden spuckt." Ebensogut können Sie dem Kind an dieser Stelle auch wieder sagen: „Ich weiß, daß du es eigentlich besser weißt." Dies signalisiert dem Kind, daß Sie ihm zutrauen, dieses Verhalten zu unterlassen.

Allgemein geäußerte Kritik verstärkt nur das kindliche Verhalten und verhindert den Aufbau von Vertrauen zwischen Eltern und Kindern. Daß wiederholtes Tadeln nötig ist, kann auch bedeuten, daß die Eltern die gesetzte Grenze nicht genügend deutlich gemacht haben. Eltern müssen nicht nur auf den Grenzen bestehen, sondern ihren Kindern ebenso gestatten, sich emotional auszudrücken – auch wenn es manchmal kaum zu ertragen ist. Der Trick besteht darin, selbst völlig ruhig zu bleiben und das Befinden des Kindes (Zorn, Enttäuschung oder ähnliches) zu beobachten, während es sich in seinem Gefühlsausbruch verausgabt. Auch wenn das fünf, zehn oder gar fünfzehn Minuten dauert, wird das Kind sich doch eher früher als später dazu entschließen: „Ich werde mal besser einen anderen Weg probieren."

Es ist kein Geheimnis, daß Kinder in diesen Jahren der Persönlichkeitsentwicklung immer versuchen werden, ihren eigenen Willen durchzusetzen. Denken Sie daran: Teil der täglichen Routine im Leben eines Kindes ist es, nach Wegen zu suchen, Reaktionen ihrer Eltern zu bekommen. *Es ist notwendig, daß kleine Kinder ihre Grenzen von Zeit zu Zeit erweitern.* Das trägt nämlich dazu bei, Stärke und Selbstsicherheit zu entwickeln. Und es ist auch nur ein Weg, die eigenen Grenzen sowie die Willenskraft und Standfestigkeit der Eltern auszutesten. Und die meisten Kinder sind erfolgreich mit ihren Versuchen, die Grenzen auszudehnen. Dennoch müssen Eltern sich weiter darum bemühen, daß die Grenzen eingehalten werden.

### *Drohungen*

Was haben die meisten „Neins“ mit den meisten Drohungen gemeinsam? Ganz einfach folgendes: Sie blenden aus, was ein Kind fühlt und denkt, während es mit dem „Nein“ konfrontiert wurde. Manchmal sind Eltern so sehr damit beschäftigt dem Kind Einhalt zu gebieten, daß sie völlig übersehen, daß sie damit auch dessen Gefühlen ein abruptes Ende setzen.

„Viele Verhaltensmuster, die Kindern gegenüber angewandt werden, sind in den meisten Fällen zum Scheitern verurteilt“ (Ginott).

Ein Muster, das zu kindlichem Fehlverhalten beiträgt, ist zum Beispiel das ständige bloße Androhen von Strafe. Ginott konstatiert: „Für Kinder wirken Drohungen wie eine Einladung, einen verbotenen Akt zu wiederholen. Wird einem Kind gesagt: ‚Wenn du das noch einmal tust ...‘, hört es nicht die Worte ‚Wenn du‘, sondern nur ‚tu es noch einmal‘. Manchmal wird ein Kind diese Worte direkt als Aufforderung interpretieren: ‚Mami möchte, daß ich es noch einmal tue – sie wird enttäuscht sein, wenn ich es nicht tue.‘ Solche Warnungen, die uns Erwachsenen vielleicht klar und deutlich scheinen mögen, sind mehr als wirkungslos: Sie programmieren geradezu vor, daß eine unschöne Szene sich wiederholt. Jede Warnung ist eine Herausforderung für das Unabhängigkeitsbestreben des Kindes. Wenn es genügend Selbstachtung hat, muß es den Verstoß erneut wagen, um sich selbst und anderen zu zeigen, daß es keine Angst hat.“

Jede Warnung ist eine Herausforderung für das Unabhängigkeitsbestreben des Kindes. Wenn es genügend Selbstachtung hat, muß es den Verstoß erneut wagen, um sich selbst und anderen zu zeigen, daß es keine Angst hat.

### *Bestechungen*

Bestechungen haben bei einem Kind wiederum eine völlig andere Wirkung. Als Katies Mutter zu ihrer Tochter sagte: „Nein, du darfst nicht zum Spielen nach draußen gehen", reagierte Katie mit einem ihrer üblichen Wutanfälle. Daraufhin gedachte ihre Mutter sie auszutricksen, indem sie sie mit einem Lieblingsbonbon zu bestechen versuchte: Katie wurde für den Fall, daß sie drinnen spielen und „brav sein" würde, ein Bonbon versprochen. Eine Weile schien dies auch gut zu funktionieren, doch im Laufe der Zeit entwickelte Katie ihre eigene Interpretation der Sache. Sie lernte regelrecht, „böse" zu sein und betrachtete es fast als Verpflichtung, ihre Bockigkeit aufrecht zu erhalten, um so weiterhin mit ihren Süßigkeiten versorgt zu werden. Ja, sie gewann sogar den Eindruck, ihre Mutter mit ihrem Verhalten zufrieden zu stellen. Andererseits entwickelte Katie eine Art Schuldbewußtsein, wenn sie von ihrer Mutter Süßigkeiten erhielt, ohne „böse" gewesen zu sein. Sie fühlte sich schuldig, weil sie meinte, die Bonbons nicht *verdient* zu haben. Schließlich hatte sie ja nichts Böses gemacht. So kam es dazu, daß Katie sich jedesmal, wenn sie von ihrer Mutter Süßigkeiten bekommen hatte, schlecht benahm – ohne jeden ersichtlichen Grund und für die Mutter völlig unverständlich. Dieses Muster wurde mit der Zeit immer deutlicher, und die „Erpressung" sowie die „Bestechungssumme" für „gutes Benehmen" wurden immer höher. Manche Eltern mögen das als „ganz schön raffiniert" einstufen. Doch es hindert die Kinder daran, ihre eigenen Impulse zu kontrollieren, und verstärkt Manipulation, Unaufrichtigkeit und Unmut auf beiden Seiten.

### *Wie man in einem Spielzeugladen „nein" sagt*

Wie oft sind wir nicht schon an einem Spielzeuggeschäft vorbeigekommen oder mit dem Auto an einem vorbeigefahren, und die Kinder riefen, weinten, baten oder fragten ganz einfach nach einem neuen Spielzeug: „Bitte Papa, bitte!" Manchmal beschwören wir solches Verhalten herauf, indem wir uns ungenau ausdrücken und so erst bestimmte Erwartungen in unseren Kindern wecken. „Also, Linda, dann laß uns mal zum Spielzeugladen gehen." Mit der Zeit mag sich bei dem Wort *gehen* vielleicht eine höhere Erwartungshaltung aufbauen, als bei dem Wort *besuchen* oder einen Besuch machen. Dies ist vielleicht eine der am meisten mißverstandenen und verpaßten Gelegenheiten, Kindern beizubringen, daß die Welt ihnen nicht allein gehört, sondern daß sie zum Teilen gedacht ist. Auch wenn es sich zunächst unrealistisch anhören mag: aber die richtigen Worte, ihrem Kind gegenüber ausgesprochen, werden dessen Reaktionen mit der Zeit wirklich verändern. Bereits in einem Alter von ungefähr zwanzig Monaten, beginnen kleine Kinder zu begreifen, daß *haben wollen* nicht immer bedeutet auch *zu bekommen.*

### *„Gehen" Sie nicht einfach irgendwohin – „besuchen" Sie einen bestimmten Ort*

Wir bringen den Kindern bei, daß wir Vergnügungsparks *besuchen*, die Karussell- und anderen Fahrten aber nicht mit nach Hause nehmen können. Wir *besuchen* Parks, können aber die Spielplatzeinrichtungen nicht mit nach Hause nehmen. Genauso *besuchen* wir andere Leute, nehmen aber weder deren Einrichtung noch das Spielzeug mit nach Hause. Warum also nicht einfach dem Spielzeugladen einen Besuch machen und keine Spielsachen mit nach Hause nehmen? Ein Spielzeugladen kann ein wunderbarer Ort für einen Besuch sein, besonders wenn es sich um ein kleines Geschäft handelt: Die Einrichtung ist freundlich und interessant und es sind eine Menge anderer Kinder zum Anschauen und Spielen da. (Nein, lassen Sie Ihr Kind dort nie alleine zurück, um in Ruhe Einkäufe erledigen zu können!)

Kurz bevor es an der Zeit ist zu gehen, sollten Sie dem Kind jedoch ein paar Minuten *Vorbereitungszeit* zugestehen – manchmal auch mehrere Male hintereinander – so daß es Gelegenheit hat, sich darauf einzustellen. So können Sie zum Beispiel sagen: „Johannes, wir gehen in drei Minuten." Sobald diese Zeit verstrichen ist, sagen Sie „So, die Zeit ist um, jetzt gehen wir. Komm, Johannes, wir müssen jetzt gehen, wir *besuchen* das Geschäft nur. Wir machen nur einen *Besuch*. Ich weiß, daß du das verstehst. Wir werden bald wiederkommen, um wieder einen Besuch zu machen. Alles wird noch genau so sein, wie jetzt. (Pause und eine Reaktion abwarten) Ich weiß, daß du dir wünschst, du könntest das Rennauto mitnehmen. Du wünschst dir, du könntest den ganzen Spielzeugladen mitnehmen. Jetzt ist es aber Zeit, daß wir gehen."

Bei genauerer Betrachtung dieser Szene werden Sie feststellen, daß wir zunächst nur eine Vorankündigung gemacht haben. Kinder mögen es genausowenig wie Erwachsene, unmittelbar aus etwas Lustigem oder Interessantem herausgerissen zu werden. Das Kind rechtzeitig vorzubereiten, signalisiert ihm, daß Sie seine Zeit nicht weniger wertschätzen als Ihre eigene. Zum anderen wird durch den Ausdruck *besuchen* der Schwerpunkt des

Lernprozesses auf genau diesen Umstand gelegt und damit zukünftigen Erwartungen vorgebeugt. Schließlich zeigen Sie Ihrem Kind dadurch, daß Sie ihm in der Phantasie geben, was es in Wirklichkeit nicht bekommen kann, daß Sie es verstehen („Ich wünschte auch, du könntest den Rennwagen mitnehmen"). Das verringert den empfundenen Ärger sowie die erlittene Enttäuschung und fördert die Kooperationsbereitschaft. Kinder fühlen sich lächerlich gemacht oder erniedrigt, wenn sich Erwachsene über ihre Wünsche lustig machen oder diese rundweg abschlagen.

Kinder mögen es genausowenig wie Erwachsene, unmittelbar aus etwas Lustigem oder Interessantem herausgerissen zu werden. Das Kind rechtzeitig vorzubereiten signalisiert ihm, daß Sie seine Zeit nicht weniger wertschätzen als Ihre eigene.

Langsame und ernsthafte Wiederholung ist bei einer solchen Kommunikation entscheidend und hilft Ihrem Kind sich zu beruhigen. Außerdem haben Sie dem Kind versprochen, ein anderes Mal wiederzukommen. Versuchen Sie immer, Ihr Wort auch tatsächlich zu halten. Ginott meint sogar, Eltern sollten das Wort *versprechen* niemals benutzen, da es einerseits unrealistische Erwartungen wecken kann und andererseits den Eindruck hinterlassen kann, einem nicht versprochenen Wort sei nicht zu trauen.

Nach einer Zeit von ungefähr drei oder vier Monaten, während der Sie von diesen Ausflügen als *Besuche* gesprochen haben, werden die Reaktionen Ihres Kindes immer positiver ausfallen. Auch wenn das so klingt, als wäre es zu schön, um wahr zu sein – es funktioniert tatsächlich! Bedenken Sie allerdings auch, daß keine Veränderung isoliert funktioniert: Diese Prinzipien bauen aufeinander auf. Sie gelten auch für Sie. Der springende Punkt ist doch folgender: Wenn ein Kind versteht, daß seine Ausflüge Besuche sind, wird sich mit der Zeit die Erwartung „etwas zu bekommen" verlieren.

Ein Dialog nach solchem Prinzip würde sich dann etwa so anhören: „Darf ich zum Spielzeugladen gehen?" oder „Darf ich in den Park gehen?" Die Eltern antworten: „Ja, wir können den Spielzeugladen *besuchen*" oder „Wir können den Park *besuchen.*" Genauso, wie es für die Identitätsbildung Ihres Kindes wichtig ist, täglich seinen Namen auszusprechen, verstärkt das hartnäckige Aussprechen des Wortes *besuchen* die zugrundeliegende Idee, daß teilen, spielen oder „irgendwo hingehen" nicht gleichbedeutend ist mit „etwas bekommen".

Vielleicht denken Sie nun: „Der Autor ist ja verrückt! Ich marschiere in einen Spielzeugladen, verkünde meinem Zweijährigen, daß wir hier nur einen Besuch machen, und er soll kein Theater machen, wenn er mit leeren Händen da wieder heraus soll?! Ich kann Ihre Zweifel verstehen. Lassen Sie uns darum einmal näher betrachten, warum und wie diese Sache tatsächlich funktioniert: Das Vertrauen, das sich zwischen Eltern und Kind aufgebaut hat, ist stark genug, Grenzen setzen zu können, ohne ein wildes Geschrei heraufzubeschwören. Ihr Kind mag vielleicht protestieren – doch diese Reaktion wird von einem Wutanfall weit entfernt sein. Sagen Sie also das nächste Mal statt „Ja, laß uns zum Spielzeugladen gehen" „Laß uns den Spielzeugladen besuchen". Mit der Zeit werden Sie den erstaunlichen Effekt, den diese Aussage auf die *Erwartungen* Ihrer Tochter oder Ihres Sohnes hat, erleben! Schließlich wird dieser Satz für Ihr Kind gleichbedeutend sein mit „gehen, aber nicht bekommen".

### *Reden Sie langsam*

Obwohl ich nicht gerade ein Verfechter vom Fernsehen als dem idealen „Lernwerkzeug" für kleine Kinder bin, gibt es in den USA eine Sendung, die kindliche Kommunikationsfähigkeit hervorragend demonstriert. Die Fernsehsendung *Herrn Rogers Nachbarschaft* enthält alle Elemente, die für Kinder nötig sind, um dem Thema der erzählten Geschichte problemlos folgen zu können: Herrn Rogers langsame, wohldurchdachte Geschichten, die jeweils nur ein Thema zum Inhalt haben, geben Kindern die Möglichkeit, alles zu erfassen, was er sagt. Er verwendet Wörter, von denen er weiß, daß Kinder sie verstehen – und führt er einmal neue Wörter ein, erklärt er sie ausführlich und kindgerecht. Im Zusammenhang mit dem jeweiligen Thema einer Sendung spricht er auch über die Gefühle der Kinder: Er spricht von Freundschaft, Schule, Reisen, Familie und setzt die ganze Welt in einen Bezug zu ihrem alltäglichen Leben. Er bewegt sich ausschließlich auf dem Niveau der Kinder und vermittelt jedem Kind das Gefühl, er würde *nur zu ihm* sprechen.

Da die Sendung nur mit einer einzigen Studiokamera aufgenommen wird (es gibt also keine schnellen Schnitte), kann jedes Kind Herrn Roger gut in seine Nachbarschaft folgen, ohne sich gehetzt zu fühlen oder durcheinander zu kommen. Die Kinderpsychologin Dorothy Baruch hat dieses Konzept, des langsamen Redens, des In-Beziehung-Setzens gut beschrieben: „Es geht nicht darum, Kindern die besten Spielzeuge oder interessantesten Orte der Welt zur Verfügung zu stellen, sondern vielmehr darum, ihre Phantasie mit Hand, Herz und Verstand anzuregen. Letztlich wird die Eltern-Kind-Beziehung durch die Bereitschaft der Eltern, sich in die Gefühle der Kinder hineinzuversetzen, bestimmt. Hier leisten das Ohr, das zuhört, das Auge, das zuschaut, eine unvoreingenommene Haltung und der echte Wunsch, Verständnis und Einklang schaffen zu wollen, den größten Teil der Arbeit."

Letztlich wird die Eltern-Kind-Beziehung durch die Bereitschaft der Eltern, sich in die Gefühle der Kinder hineinzuversetzen, bestimmt. Hier leisten das Ohr, das zuhört, das Auge, das zuschaut, eine unvoreingenommene Haltung und der echte Wunsch, Verständnis und Einklang schaffen zu wollen, den größten Teil der Arbeit.

### *Eltern müssen ruhig und entspannt bleiben*

Kinder fühlen, wenn sie gehetzt werden. Auch hier wird Ihnen die richtige Einstellung helfen, die richtige Sicht der Dinge zu finden: Ein Kleinkind bezieht einen Teil seines Vertrauens in Sie aus der Geduld und Zuverlässigkeit, die es an Ihnen beobachtet. Mit der Zeit und der richtigen Einstellung wird Ihr Kind Sie als immer entspannter und zuversichtlicher erleben. Das wird Ihrem Kind dabei helfen, seine Frustrationen besser in den Griff zu bekommen, da es an Ihrem Beispiel sieht, wie Sie mit Ihren eigenen fertig werden.

---

*Die richtige Botschaft fördert das richtige Verhalten.*

---

## *Sechstes Kapitel: Das gefährliche „Nein"*

Alle Eltern wollen ihre Kinder beschützen, das ist nur natürlich. Bestimmt haben Sie sich, schon bevor Ihr Kind geboren wurde, Gedanken darüber gemacht, wie Sie Ihr Haus „Baby-sicher" machen können. Ihr Haus sicher zu machen ist die allererste Aufgabe! Aufgabe Nummer zwei ist dann zu überprüfen, wo wirkliche Gefahren liegen, und das davon zu unterscheiden, was vielleicht nur als Gefahr erscheint. Dieses Kapitel konzentriert sich auf die Ausbildung von gegenseitigem Vertrauen zwischen Eltern und Kind in Situationen, die aus Gründen von Gefahren ein „Nein" von Ihnen erfordern.

Es ist interessant zu beobachten, wie kleine Kinder immer das Original der Spielzeugvariante vorziehen. Oh ja, sie kennen den Unterschied ganz genau! Sie geben ihnen ein Kindertelefon – und sie wollen lieber das echte Telefon. Sie geben ihnen einen Plastikhammer – sie werden den echten Hammer zu finden wissen. Sie geben ihnen eine kleine Plastikgabel – sie aber wollen Ihre große, spitze Edelstahlgabel haben. Das ist kein Zufall. Kinder sehen Ihnen zu, wie Sie diese Dinge täglich benutzen und mit ihnen umgehen. Wenn sich Papa rasiert, wollen sie sich auch rasieren!

Gefahren können überall um uns herum lauern – wir dürfen aber deswegen nicht überreagieren. So sollten wir uns auch bemühen, wann immer es möglich ist, ein „Nein" zu erklären und zu begründen, sowie die möglichen Konsequenzen zu demonstrieren. Kinder akzeptieren eine gesetzte Grenze schneller, wenn sie die Erklärung dazu verstehen und in die Erklärung miteinbezogen werden. „Fühl mal, wie heiß der Toast ist, Max." Eine alte chinesische Weisheit lautet: *Wenn ich etwas höre, vergesse ich es wieder; wenn ich etwas sehe, erinnere ich mich wieder daran; aber erst wenn ich etwas tue, verstehe ich es wirklich.*

Dieses Thema ist ein bißchen heikel. Sobald von Gefahren die Rede ist, treten ungeahnte Gefühle an die Oberfläche. Als Eltern müssen wir uns sehr genau überlegen, wie wir unsere Kinder mit diesem Thema konfrontieren wollen: Sollen die Gefahren beim Namen genannt, erklärt und demonstriert werden, oder sollten wir das Thema gänzlich vermeiden und die Kinder bei Gefahr einfach wegziehen und „nein" sagen? Das Problem bei der letztgenannten Methode: Es weckt die kindliche Neugier vermutlich erst richtig. Viele Unglücksfälle ereignen sich gerade dann, wenn es einem kleinen Kind gelingt, an einen Gegenstand heranzukommen, der bis dahin immer von ihm ferngehalten oder gut versteckt gewesen ist und ihm nie erklärt wurde. Wenn ein Kleinkind die Konsequenzen einer Gefahr nicht *versteht*, bleibt die *Neugier* auf eine bestimmte Sache bestehen. Meiner Meinung nach ist eine möglichst frühzeitige Erklärung immer die bessere Lösung.

Viele Unglücksfälle ereignen sich gerade dann, wenn es einem kleinen Kind gelingt, an einen Gegenstand zu kommen, der bis dahin immer von ihm ferngehalten oder gut versteckt gewesen ist und ihm nie erklärt wurde. Wenn ein Kleinkind bestimmte Konsequenzen einer Gefahr nicht *versteht*, bleibt die *Neugier* auf eine bestimmte Sache bestehen.

Welches Alter ist das angemessene, um über Gefahren zu sprechen? Wenn der sieben Monate alte Arnie auf eine Steckdose zukrabbelt, wird sein Vater ihm zurufen: „Nein,

Arnie, das ist nichts für dich. Das ist gefährlich." Arnie ist aber noch zu klein, um die Bedeutung zu verstehen. Das braucht er auch gar nicht. Es ist weitaus sicherer, Arnie aufzuheben und an einer anderen Stelle wieder auf den Boden zu setzen. Auch hier ist es einmal wieder angebracht, von dieser relativ unbedeutenden Situation kein großes Aufhebens zu machen. Wenn dagegen ein zwanzig Monate altes Kind eine scharfe Schere in den Händen hält, müssen die Eltern natürlich anders reagieren. Hier kann eine Erklärung und die Demonstration möglicher Verletzungen sehr wohl einem späteren Unfall vorbeugen.

### *Lehren Sie Verständnis – nicht Angst*

Vieles im Leben scheint auf den ersten Blick einfacher zu sein, als es tatsächlich ist. Mit Gefahren verhält es sich nicht anders. Wenn wir unseren Kindern beibringen wollen, Gefahren zu meiden, heißt das nicht, daß wir ihnen beibringen sollten, sie zu *fürchten*. Wir müssen sie vielmehr lehren, sie zu *verstehen*. Wir sollten ihnen sogar manchmal erlauben, unter unserer Aufsicht eine potentielle Gefahrenquelle genauer anzusehen. Solche Überlegungen und Erklärungen sind für ein Krabbelkind natürlich noch nicht nachzuvollziehen, doch die Eltern sollten sich schon beizeiten damit vertraut machen. Eltern sind in den meisten Fällen die ersten, von denen ein Kleinkind lernt, wie es mit seiner Neugier und seinen Ängsten umgehen kann. Die Art und Weise wie *Sie* auf Gefahren reagieren, wird Ihrem Kind nicht nur zeigen, wie es auf Gefahren zu reagieren, sondern auch, wie es diese einzuschätzen hat. Daher ist es ausgesprochen wichtig, Kindern ruhig, aber ernsthaft mögliche Gefahren eines bestimmten Objektes zu erklären und zu *demonstrieren*:

„Laß dir mal von Mama zeigen, wie das funktioniert, Lena."
„Fühl mal, wie heiß der Toast ist, Paul."
„Fühl mal, wie scharf das Messer ist, Max."

Zugegeben, hier ist ein gewisser Risikofaktor enthalten – man muß diesen Risikofaktor allerdings in Relation zu der möglichen Gefahr sehen. Vielleicht halten Sie an diesem Punkt inne und fragen sich: „Moment mal, warum sollte ich mein Kind willentlich auch nur der geringsten Gefahr aussetzen? Ich werde den entsprechenden Gegenstand einfach entfernen und das Thema ist erledigt." Das Thema wird sich jedoch höchstens für diesen speziellen Gegenstand erledigt haben – nicht aber für Gefahren im allgemeinen. Das Leben aber ist voller Gefahren – und Sie werden nicht überall zur Stelle sein können, um „etwas zu entfernen". Besser und wirksamer ist es, einem Kind zu vermitteln, wie man *Gefahren verstehen* und einschätzen kann.

Als Erwachsener ist Ihnen klar, daß Gefühle der Angst logischem Denken den Weg versperren können und damit Panikreaktionen begünstigen. *Panik kann gefährlicher sein als die eigentliche Gefahr selbst.* Ein aufgeschreckter, panischer Ausruf kann Kinder ängstigen: „Paß auf, Lisa! Das kann auf dich drauffallen!" „Leg das sofort wieder hin, Toni!" Eltern müssen darauf achten, *nicht* zu laut zu rufen oder zu hektisch zu ihrem Kind zu laufen, wenn sich dieses in einer gefährlichen Situation befindet. Unglücklicherweise reagieren kleine Kinder oft negativ auf die Panik ihrer Eltern und tun dann genau das Gegenteil dessen, was sie tun sollten. Oft ist es erst diese Reaktion, die einen Unfall schließlich *verursacht.*

### *Früh eingeübte Verhaltensmuster*

Der Entwicklungspsychologe Jerome Kagan bestätigt, daß sich das Temperament eines Kindes zum Teil auch danach herausbildet, inwieweit es von den Eltern in Streß- oder Gefahrensituationen zu viel oder zu wenig behütet wurde. Dan Goleman führt diese Ansicht Kagans noch näher aus: „Wenn ein Baby bei seinen Krabbelausflügen ständig durch die Warnungen seiner Mutter (‚Geh da weg!') zurückgerufen und damit bei seinen Erkundungen unterbrochen wird, lernt es dabei eine wichtige Lektion: seine erste Verunsicherung im Leben. Die während des ersten Lebensjahres bestimmt über hundertmal wiederkehrenden ähnlichen Situationen liefern dem Kind in kleiner Dosierung Beispiele für ‚das Unerwartete' im Leben. Genau das ist es, was ängstliche Kinder brauchen: Die permanente Bewältigung solcher Situationen in ‚geringen Dosen'."

Natürlich sind Sorgfalt und Vorsicht immer ratsam – und Eltern müssen immer wieder aufmerksam sein und entscheiden, was *tatsächlich* gefährlich ist und was *nicht* gefährlich ist. Wenn wir einmal ganz ehrlich mit uns sind, müssen wir zugeben, daß wir den Entdeckungsdrang unserer Kinder oft nicht deshalb unterbrechen, weil sie dabei sind, etwas Gefährliches zu tun, sondern weil uns die nötige Geduld fehlt, und wir keine Lust haben, weiterhin mit der notwendigen Aufmerksamkeit auf sie aufzupassen. Geduld zu haben ist eben nicht passiv und einfach – nach dem Motto: einfach abwarten. Geduld bedeutet in Wirklichkeit *mehr Arbeit:* Wenn Sie geduldig sind, wird Ihr Kind möglicherweise häufiger etwas ausprobieren, und das kann für Sie wiederum heißen, daß Sie öfter aufwischen müssen ... Kinder im Auge zu behalten ist deswegen so anstrengend, weil man die ganze Zeit über aufmerksam sein und auch bleiben muß! Sie ermutigen Ihr Kind, etwas Neues auszuprobieren, wenn Sie erst einmal kurz nachdenken, bevor Sie zu früh eingreifen.

Wenn wir einmal ganz ehrlich mit uns sind, müssen wir zugeben, daß wir den Entdeckungsdrang unserer Kinder oft nicht deshalb unterbrechen, weil sie dabei sind, etwas Gefährliches zu tun, sondern weil uns die nötige Geduld fehlt und wir keine Lust haben, weiterhin mit der notwendigen Aufmerksamkeit auf sie aufzupassen.

### *Tatsächliche Gefahren und scheinbare Gefahren*

Kindern ab einem Alter von zwanzig Monaten kann man schon zeigen, wie sie Gefahren erkennen können. Wenn Sie sich ausreichend Zeit nehmen und Übertreibungen vermeiden, wird Ihr Kind auch verstehen, was es mit Gefahren und deren Konsequenzen auf sich hat. Eine solch frühe Einübung von Denken und Handeln wird nach ungefähr sechs Monaten schon gute Früchte bringen.

Schauen wir uns einmal die realen Gefahren an, die zum Beispiel von Alltagsgegenständen wie Scheren, Messern, elektrischen Ventilen, Öfen, Streichhölzern usw. ausgehen. Sie werden schnell einsehen, daß sich solche Gefahren zwar verringern, niemals aber vollständig aus dem täglichen Leben vertreiben lassen. Ein Kind, das eine geschlossene Schachtel mit Streichhölzern in der Hand hat, braucht eine völlig andere Reaktion von Ihnen als ein Kind, das nur ein einziges Streichholz in den Fingern hat. Ein einzelnes Streichholz kann zwar nicht so einfach angezündet, dafür aber leicht verschluckt werden. Ein zweiundzwanzig Monate altes Kleinkind, das mit einer Schere in der Hand einem Erwachsenen *gegenübersitzt*, ist etwas völlig anderes, als ein kleines Kind, das mit einer Schere in der Hand *herumläuft*. Damit Sie mich nicht falsch verstehen: Ich plädiere hier nicht dafür, einem kleinen Kind solche Dinge überhaupt in die Hand zu geben. Ist ein Kind aber durch Zufall oder ein Versehen zu einem solchen Gegenstand gekommen, bietet dies eine gute Gelegenheit, ihm etwas über Gefahren zu vermitteln, bevor der Gegenstand wieder weggelegt wird.

Die elf Monate alte Lisa lernte gerade laufen, als ihr Vater sie sah, wie sie im Wohnzimmer stand und ihr Gesicht an den Bildschirm des eingeschalteten Fernsehers drückte. Sofort rief er: „Nein, Lisa, du bist da zu nah dran", und Lisa war – *innerhalb von Sekunden* – verscheucht. Was können wir von dieser kleinen Szene lernen? Worin bestand die Gefahr? Hatte die Kleine so seit Stunden ferngesehen? Nein. Hätte die Lautstärke des Fernsehers ihr Gehör schädigen können? Nicht während dieser kurzen Zeit! Hat sie ihren Augen Schaden zugefügt? Unwahrscheinlich. Der Vater hatte einfach überreagiert. Ein wachsames Auge während dieser paar Sekunden ist alles, was diese Situation erfordert hätte. Sehr wahrscheinlich hätten das übergroße Bild und die viel zu lauten Geräusche die Kleine sowieso gestört und sie von selbst dazu gebracht wegzugehen. Erst wenn sie das nicht getan hätte, hätte der Vater eingreifen müssen.

Andererseits sind heiße Herdplatten, offene Schubladen mit Messern, Straßenverkehr, niedrige Brüstungen, chemische Produkte usw. reale Gefahren, von denen Kinder auf jeden Fall fernzuhalten und die von den Eltern jederzeit berücksichtigt werden sollten. Genauso wie Eltern täglich zwischen realer und scheinbarer Gefahr unterscheiden müssen, sollten sie sich stets überlegen, wann sie tatsächlich eingreifen müssen und wann sie dem kindlichen Entdeckungsdrang ruhig freien Lauf lassen können.

### Drei ganz normale Situationen

Stellen Sie immer zuerst sicher, daß Ihr Kind auch bereit ist, Ihnen zuzuhören – daß es tatsächlich in der Lage ist, seine Aufmerksamkeit auf die Gefahr, die Sie ihm erklären wollen, zu richten. Anderenfalls sollten Sie ihre Erklärungen noch eine Weile aufschieben. Das gilt auch, wenn Sie noch niemals zuvor mit Ihrem Kind über Gefahren gesprochen oder ihm noch nie gezeigt haben, warum etwas gefährlich sein kann oder wenn Sie sich nicht sicher sind, wie Ihr Kind reagieren wird. Es ist dann besser, damit zu beginnen, das Selbstvertrauen mit einem wertvollen, aber nicht gefährlichen Gegenstand – wie zum Beispiel mit einer Kamera – aufzubauen. Kinder begreifen sehr gut, ob Ihnen ein Gegenstand oder eine Situation wichtig ist, und sie werden dann auch aufmerksam sein. Kleinkinder im Alter von drei oder vier Jahren sind bereits in der Lage, den Ernst eines Themas zu begreifen. Ihre langsame, wohlüberlegte und ruhige Art wird dies zusätzlich unterstreichen und Ihrem Kind klarmachen, daß es erst *nachdenken* muß, bevor es etwas tut. Während einige Situationen mit einer einfachen Erklärung auskommen, verlangen andere nach einem längeren Gespräch und einer positiven Demonstration, um von dem Kind ganz und gar verstanden werden zu können.

### *Die Geschichte am Tisch*

Der zweijährige Jonathan steht auf dem Küchentisch – 75 cm über dem Steinfußboden.

Jonathan: „Mami, guck mal!"

Mutter: „Ja, Jonathan ich sehe dich. Jetzt sieh aber mal nach unten, Jonathan. Siehst du, wie weit weit weg der Fußboden ist? Und jetzt schau wieder nach oben – siehst du, wie hoch du stehst?"

Jonathan: „Ja." (Er erfaßt die gefährliche Situation wie hoch er ist sofort, weil ihn seine Mutter dazu gebracht hat, in beide Richtungen zu schauen.)

Mutter: (hält einen Apfel) „Schau mal, was mit dem Apfel passiert, wenn ich ihn auf den Boden fallen lasse."

Jonathan: (konzentriert sich auf die Hand der Mutter und kann die Demonstration der Gefahr mit seinen Augen verfolgen: Diese Situation ist wirklich ernst)

Mutter: (hebt den Apfel langsam vom Boden auf) „Schau, der Apfel hat von seinem Sturz eine große Delle bekommen. Das könnte dir auch passieren, wenn du herunterfällst. Das würde weh tun. Es ist also gefährlich. Jonathan versteht das, nicht wahr? Ich weiß, daß du das verstehst."

Jonathan: „Runter Mami."

Mutter: „Ja, ich werde dir herunter helfen, Jonathan. Es ist eine gute Idee, herunterzukommen."

**Lektion:** Das Klettern auf hohe Gegenstände kann gefährlich sein.
**Botschaft:** Jonathan ist klug. Jonathan weiß, wann er um Hilfe bitten muß. Er ist in der Lage, vernünftig zu überlegen.

### *Die Geschichte mit der Lampe*

Simon, sechsundzwanzig Monate alt, zieht an der Schnur einer Stehlampe. Er ist sich nicht bewußt, daß die Lampe umfallen kann, wenn er damit weiter macht.

Vater: (läuft schnell zu ihm und hält die Schur fest, so daß die Lampe nicht mehr umkippen kann) „Simon, siehst du, wo die Schnur festgemacht ist? Schau dir die Schnur mal genauer an, Simon. Schau mal, wo sie festgemacht ist. (Der Vater deutet auf den Fuß der Lampe) „Siehst du das, Simon? Sie ist am Fuß der Lampe befestigt."

Simon: „Ja."
Vater: „Schau mal, sie ist da an der Lampe festgemacht. Du siehst, wie die Schnur an der Lampe festgemacht ist, nicht? Und jetzt schau mal, was passiert, wenn du weiter an der Schnur ziehen würdest." (Der Vater zieht vorsichtig an der Schnur und läßt die Lampe ganz langsam zu Boden kippen, um seinem Sohn die Konsequenzen zu demonstrieren) *„Puh"* (Er tut so, als koste es ihn einige Anstrengung, die Lampe nicht zu Boden fallen zu lassen – hier schadet es nicht, ein wenig zu schauspielern) „Das ist gefährlich, Simon, sehr gefährlich."
Simon: „Ja, gefährlich." (Zusätzlich zu dieser verbalen Erkenntnis wird sein Gesichtsausdruck beweisen, wie ernsthaft und aufmerksam er bei dieser Szene war. Simon weiß nun, daß dies kein Spiel ist, und ist dankbar für die erhaltene Information.)

**Lektion:** Du mußt dir das, womit du spielst, genauer ansehen.
**Botschaft:** Ich respektiere Simon. Simon ist intelligent. Ich vertraue ihm.

### *Die Geschichte mit der Schere*

Wenn die kleine Alexa (zwanzig Monate) auf die Schere auf dem Tisch deuten und sagen kann „Ich will das haben" ist sie durchaus in der Lage zu verstehen, warum diese Schere nicht das Richtige für sie ist und warum sie gefährlich sein kann. Denken Sie immer daran: Unabhängig davon, ob Ihr Kind über einen erweiterten oder einen geringen Wortschatz verfügt – die *Fähigkeit zu verstehen* ist immer größer als der aktive Wortschatz.

Vater: „Möchtest du die Schere gerne ansehen, Alexa?"
Alexa: „Ja, Papa." (Der Vater kauert sich zu seiner Tochter herunter und zeigt ihr die Spitze der Schere)
Vater: Schau dir mal die Spitze der Schere an, Alexa. Schau mal, wie ich die Spitze anfasse." (tippt auf seine Handfläche) „*Aua*, das sticht." (auch hier hilft wieder ein bißchen Schauspielerei) „Willst du die Spitze auch mal anfassen, Alexa?"
Alexa: „Ja!" (Der Vater drückt ihr vorsichtig die Spitze in die Handfläche)
Vater: „Fühlst du, wie spitz das ist?"
Alexa: „Ja, spitz!"
Vater: Das ist kein Spielzeug, Alexa. Es ist dafür da, um solche Sachen wie Papier oder eine Schnur zu zerschneiden. Die Schere ist kein Spielzeug. Das kannst du verstehen, nicht Alexa? Sie ist sehr spitz und scharf."
Alexa: „Ja, spitz."
Vater: „Die Schere gehört in die Schublade. Laß sie uns wieder in die Schublade zurücklegen."

**Lektion:** Eine Schere ist kein Spielzeug. Scheren können gefährlich sein.
**Botschaft:** Ich vertraue Alexa. Ich respektiere Alexa. Alexa ist vernünftig.

Machen Sie bei weniger gefährlichen Dingen (wie zum Beispiel einer Kamera oder dem Make-up der Mutter) den Versuch, Ihrem Kind den Gegenstand wieder zurückzugeben, nachdem Sie erklärt haben, warum das kein Spielzeug ist. Diese kleine aber wichtige Geste ist es, die das von Ihnen aufgebaute Vertrauen und die Selbstsicherheit des Kindes stärkt.

Sie können sicher sein, daß Alexa den Ernst der Situation begriffen hat, ebenso wie sie gespürt hat, daß sie von Ihrem Vater ernstgenommen wurde. Dies ist ein riesengroßer Schritt in Richtung des gegenseitigen Vertrauens zwischen Eltern und Kind. Machen Sie bei weniger gefährlichen Dingen (wie zum Beispiel einer Kamera oder dem Make-up der Mutter) den Versuch, Ihrem Kind den Gegenstand wieder zurückzugeben, nachdem Sie erklärt haben, warum das kein Spielzeug ist: „Du darfst es halten, Vanessa, aber nicht damit spielen." Einen Erwachsenen würde eine solche Aussage enttäuschen – ein Kind jedoch nicht. Auch wenn es natürlich gerne mit dem Gegenstand spielen würde, können Sie in solchen Momenten sehen, wie es versucht, sich zu zügeln und Selbstkontrolle zu üben. Solche kleinen, aber wichtigen Gesten stärken Vertrauen und Selbstsicherheit des Kindes. Sollte das Kind jedoch gegen Ihre Anweisung verstoßen, verhalten Sie sich am besten so, wie weiter oben in diesem Buch beschrieben. Auch wenn das Kind nach einigen Tagen – selbst nach einigen Stunden schon – wieder das gleiche tut, ist es ratsam, die Erklärungen immer wieder zu wiederholen, solange es den begehrten Gegenstand in den Händen hält und nicht damit spielt. Wie auch bei anderen Gelegenheiten, müssen wir unseren gesunden Menschenverstand einschalten, um zu beurteilen, wann ein kleines Kind für unsere Erklärungen bereit ist und wann nicht.

---

*Kinder mit Gefahren vertraut zu machen,*
*bietet die Gelegenheit, Angst durch Verständnis zu ersetzen. Wenn ich etwas höre,*
*vergesse ich es wieder; wenn ich etwas sehe,*
*erinnere ich mich daran; erst wenn ich etwas tue,*
*verstehe ich es wirklich.*

---

## *Siebtes Kapitel: Sieben Schritte, „Nein“ zu sagen*

Viele Eltern konfrontieren Ihre Kinder gleich beim ersten Schritt mit einem „Nein“: „Nein, Max, Papa kann jetzt nicht mit dir spielen“ oder „Nein, es gibt jetzt kein Eis, Eva.“ Das läßt aber außer acht, daß es um den Aufbau gegenseitigen Respekts geht. Damit geben Sie Ihrem Kind die folgende Botschaft: „Ich muß nicht auf das hören, was *du* sagst, sondern du hast auf das zu hören, was *ich* sage.“ Vom praktischen Gesichtspunkt aus betrachtet mag dies zwar durchaus richtig sein; aus verhaltens- und entwicklungspsychologischer Sicht nimmt es Ihrem Kind jedoch gerade die Möglichkeit, auf Sie zu hören.

Ein „Nein“ an der richtigen Stelle auszusprechen ist aber eigentlich gar nicht so schwer. Die eigentliche Schwierigkeit liegt in der Wiederholung. Eltern können sich nun an die sieben Schritte halten, die im folgenden beschrieben werden sollen. Es ist ein Lernprozeß, der *ungefähr sechs Monate* dauert, bevor das Kommunikationsverhalten zwischen Eltern und Kindern ausreichend gefestigt und einschätzbar geworden ist. Aber auch dann ist diese Methode kein Patentrezept, mit dem Sie jegliches Fehlverhalten sofort stoppen können. Aber sie stellt sicher, daß die kindliche Persönlichkeit geachtet wird und daß die eigene Einsicht und Eigenverantwortlichkeit des Kindes im Mittelpunkt stehen.

Wenn Sie mit dieser Methode schon sehr zeitig beginnen, wird sich das auch positiv auf die spätere Entwicklung auswirken. Wie ich schon an früherer Stelle betont habe, sind es letztlich immer die Eltern, die Kindern als Vorbilder dienen und vorleben, wie richtiges Verhalten auszusehen (beziehungsweise sich anzuhören) hat.

In welcher Weise Ihr Kind auf Ihre Erziehungsmethoden reagiert, wird ganz von Ihrer gegenseitigen Beziehung abhängen. Manche Kinder sprechen etwas schneller auf diese Art der Erziehung an, bei anderen wird es etwas länger dauern – doch letztlich wird diese Methode in den meisten Fällen dazu führen, Konflikte und Ärgernisse so gering wie möglich zu halten.

Ein „Nein" in der richtigen Art und Weise auszusprechen, ist gar nicht so schwer. Die Schwierigkeit liegt in der Wiederholung.

Manche Experten in Erziehungsfragen schlagen so viele Reaktions- und Verhaltensmöglichkeiten vor, daß man erst recht nicht mehr weiß, was richtig ist. Natürlich – Verhalten ist nun einmal schwer vorhersagbar. Doch geht es im wesentlichen doch darum, mit Kindern so zu kommunizieren, daß ihr emotionales Gleichgewicht bewahrt bleibt. Die Prinzipien, die in diesem Buch vorgestellt werden, sind wissenschaftlich abgesichert und haben sich bewährt.

Bevor wir uns der Sieben-Schritte-Methode zuwenden, möchte ich noch betonen, wie wichtig es für Sie als Eltern ist, sich nicht dem Urteil anderer Familien oder anderweitigem Druck von außen zu beugen. Sie sollten sich keine Gedanken darüber machen, wie die Äußerungen, die Sie Ihrem Kind gegenüber machen, in den Ohren von Außenstehenden klingen. Lesen Sie dieses Kapitel zunächst vollständig durch, bevor Sie die Sieben-Schritte-Methode in die Praxis umsetzen. Je tiefer Ihr Verständnis von dieser Methode ist, um so größer wird auch Ihr Erfolg damit sein.

### *Die Sieben-Schritte-Methode, „Nein" zu sagen*

Im vierten Kapitel wurden schon einige der folgenden Prinzipien in Fallbeispielen angewandt, in denen Kinder auch dann die Möglichkeit hatten sich einzubringen, wenn die Eltern etwas abschlagen. Diese Prinzipien reduzierten Konflikte auf ein Minimum und erlaubten dem Kind, den Ausgang einer bestimmten Situation bis zu einem gewissen Grad selbst mitzubestimmen.

1. Bestätigen Sie die Bitte, indem Sie sie wiederholen.
2. Vermitteln Sie Informationen, erklären Sie dem Kind die Situation.
3. Vermitteln Sie Ihrem Kind Ihre emotionale Beteiligung.
4. Erlauben Sie in der Phantasie, was Sie in der Realität nicht erfüllen können.
5. Demonstrieren Sie (wo es möglich ist), was Sie meinen.
6. Schenken Sie Vertrauen.
7. Stellen Sie verschiedene Möglichkeiten zur Wahl.

### *Erster Schritt: Bestätigen Sie die Bitte*

> „Aktives Zuhören" signalisiert Ihrem Kind, daß Sie sowohl verstehen als auch respektieren, was es sagt. Das ist ganz besonders wichtig, da der Wortschatz eines kleinen Kindes vermutlich noch recht beschränkt ist.

Dieser Beweis des „aktiven Zuhörens" zeigt Ihrem Kind, daß Sie sowohl verstehen als auch respektieren, was es sagt. Das ist ganz besonders wichtig, da der Wortschatz eines kleinen Kindes vermutlich recht beschränkt ist. Wiederholen Sie Ihre Bestätigung zweimal. Indem Sie den Wunsch oder die Bitte des Kindes wiederholen, zeigen Sie Ihrem Kind, daß es in der Lage ist, deutlich zu kommunizieren. Einem älteren Kind gibt solche Wiederholung die Möglichkeit, für Ihre Antwort aufnahmebereit zu sein und nicht wegzuhören.

*Beispiele:*

„Ja, Robert, du hättest gern ein Eis."

„Ja, Lilly, du möchtest gerne hinausgehen."

„Ja, Toni, du möchtest gern in den Park."

### *Zweiter Schritt: Vermitteln Sie Informationen, erklären Sie dem Kind die Situation*

Verzichten Sie wenn möglich völlig darauf, das Wort „Nein" zu benutzen, außer wenn Ihr Kind in Gefahr ist oder jemanden schlägt; doch selbst in solchen Situationen ist es besser, Ihre Mißbilligung mit der Szene mit Nachdruck zu äußern: „Alex, ich werde nicht zusehen, wie du Robert schlägst. Gebrauche deine Sprache, um ihm mitzuteilen, daß du böse bist." Wenn Sie dem Kind einen Wunsch abschlagen müssen, sollten Sie unbedingt klar und leicht verständlich erklären, warum dies nicht geht. Ein solches Gespräch wird Ihrem Kind das Gefühl geben, Teil eines Prozesses zu sein und nicht einfach ein Objekt ohne eigene Kompetenz. Lassen Sie sich aber andererseits auch nicht auf Debatten ein. Aller Voraussicht nach werden Sie Ihre Erklärung einige Male *wiederholen* müssen. Versuchen Sie bei diesen Wiederholungen beim Kernpunkt Ihres Arguments zu bleiben; damit machen Sie es Ihrem Kind leichter, die wesentlichen Dinge im Auge zu behalten. Reagiert Ihr Kind mit einem „Warum" oder mit anderen Fragen, so werten Sie dies nicht als ein Zeichen von Bockigkeit. Je häufiger Kinder fragen, um so schneller lernen sie, sich die nötigen Informationen zu beschaffen und so zu ihren eigenen Antworten und Schlußfolgerungen zu kommen. Dies ist äußerst befriedigend und fördert den Prozeß des Reflektierens und der Selbstkontrolle.

*Beispiele:*

„Der Mechaniker wird in wenigen Minuten hier sein. Mami muß im Haus sein, wenn der Mann kommt."

„Der Regen wird deine ganze Kleidung durchweichen, Lilly. Die Nässe wird dich frieren lassen."

„Du möchtest also bei Nacht in den Park gehen, Toni. Es ist aber schwierig, im dunkeln zu spielen, weil man nichts sehen kann."

### *Dritter Schritt: Vermitteln Sie Ihrem Kind Ihre emotionale Beteiligung*

Kleinere und auch größere Kinder müssen die Freiheit haben, ihre Gefühle frei äußern bzw. ausleben zu können, *ohne* gescholten zu werden. Wenn Sie ihnen diese Freiheit lassen, werden sie auch für ein begründetes „Nein" von Ihrer Seite offen sein. Auch wenn sie weiterhin versuchen, sich zu widersetzen und gegen die von Ihnen gesetzten Grenzen anzukämpfen, wird das Vertrauen immer weiter wachsen. Der Wunsch, Grenzen zu überschreiten, wird geringer werden; das Bedürfnis, etwas richtig zu machen, aber wird wachsen. Wiederholen Sie Ihre Bekräftigung mehr als einmal.

> Kleinere und auch größere Kinder müssen die Freiheit haben, ihre Gefühle frei äußern zu können, *ohne* gescholten zu werden. Wenn Sie Ihnen diese Freiheit lassen, werden

sie auch für ein begründetes „Nein" von Ihrer Seite offen sein. Auch wenn sie weiterhin versuchen, sich zu widersetzen und gegen die von Ihnen gesetzten Grenzen anzukämpfen, wird das Vertrauen immer weiter wachsen.

*Beispiele:*

„Ja Stefan, ich verstehe, daß du ärgerlich darüber bist, daß kein Eis da ist. Du bist wirklich sehr böse darüber."

„Lilly ist traurig, daß wir nicht nach draußen gehen. Es ist wirklich enttäuschend. Du wolltest so gerne gehen."

„Toni, ich merke, wie böse du bist, daß dich Mami nicht in den Park fährt. Du magst es gar nicht, heute zu Hause bleiben zu müssen."

### *Vierter Schritt: Erlauben Sie in der Phantasie, was Sie in der Realität nicht erfüllen können*

Auch als Erwachsene erleben wir zuweilen Situationen, in denen wir uns bessere Gegebenheiten wünschen. Das passiert zum Beispiel, wenn wir mit einer Ablehnung oder mit einem Problem anderer Art konfrontiert werden. Das gehört zum Leben – und Kindern geht es da kein bißchen anders. Ihnen ihre Wünsche zu lassen, zeigt ihnen, daß wir sie verstehen und ihre Gefühle anerkennen. Solch eine Anerkennung muß ehrlich und überzeugend vermittelt werden.

*Beispiele:*

„Ich wünschte mir, das ganze Tiefkühlfach wäre mit Eis gefüllt, Stefan."

„Du wünschst dir, du könntest jetzt mit allen deinen Freunden spielen, Lilly."

„Ich wünschte mir, daß es draußen ganz hell wäre, und du den ganzen Tag lang draußen Ball spielen könntest, Toni."

### *Fünfter Schritt: Demonstrieren Sie (wo es möglich ist), was Sie meinen*

Sie erleichtern Ihrem Kind das Verständnis und die Akzeptanz eines ausgesprochenen „Nein", wenn Sie mögliche Konsequenzen demonstrieren. Ein bißchen zu schauspielern kann hier durchaus hilfreich sein! Indem Sie vormachen, wie eine Sache funktioniert oder was passiert, wenn etwas herunterfällt (ein Ei zum Beispiel), vermitteln Sie Einsichten, die keine Angst erregen. Es lohnt sich, an dieser Stelle die alte Weisheit zu wiederholen: *Was ich höre, vergesse ich wieder; was ich sehe, daran erinnere ich mich; was ich aber tue, das verstehe ich wirklich.*

Nehmen Sie sich die Zeit, und führen Sie Ihrem Kind – mindestens zweimal – vor, was die Folgen sein könnten. Das enthält die Botschaft: „Du bist intelligent, und ich vertraue dir." Wann immer es möglich ist: Geben Sie Ihrem Kind einen Gegenstand, den Sie zunächst entfernen mußten (das Make-up, den Fotoapparat) mit der nötigen Information wieder zurück: „Du darfst es halten und anschauen Katrin, aber du kannst nicht damit spielen." Das hilft Kindern, sowohl das gegenseitige Vertrauen, als auch das eigene Selbstvertrauen zu stärken und räumt ihnen zugleich die Möglichkeit ein, gleich auszuprobieren, was sie gerade gelernt haben. Die Botschaft ist hier: „Ich weiß, daß du mich verstanden hast. Du wirst das Richtige tun." Natürlich müssen Sie den entsprechenden Gegenstand an sich nehmen, wenn das Kind diesem Vertrauen zuwider handelt. Trotzdem sollte Ihr Ton dabei nie strafend sein. Sie können zum Beispiel so reagieren: „Du hast gewählt – also nehme ich es dir wieder weg."

*Beispiele:*

„Laß uns mal zusammen im Gefrierfach nachschauen, Robert. Da ist kein Eis mehr. Wir haben alles aufgegessen."

„Schau mal, was mit unseren Haaren, unseren Füßen und dem Küchenfußboden passiert, wenn wir vom Regen naß werden, Lilly."

„Schau mal, was passiert, wenn ich deinen Ball in die Dunkelheit hinauswerfe, Toni. Merkst du, daß man ihn kaum sehen kann?"

### Sechster Schritt: Schenken Sie Vertrauen

In diesem Abschnitt des Eltern-Kind-Dialogs ist es ganz wichtig, gegenseitiges Vertrauen zu schaffen. Mit Ihren Worten zeigen Sie deutlich, daß Sie Ihr Kind respektieren, und fördern somit sein richtiges Verhalten. Solche Aussagen sollten im ernsten Ton und mit einer sehr positiven Haltung ausgesprochen werden. Zeigen Sie Ihrem Kind immer wieder und bei ganz verschiedenen Möglichkeiten, daß Sie ihm vertrauen und zutrauen, etwas zu verstehen.

*Beispiele:*

„Ich weiß, daß du das jetzt verstanden hast, Robert."

„Lilly weiß jetzt, was im Regen passiert."

„Toni versteht nun, warum wir nachts nicht im Park spielen können."

### *Siebter Schritt: Stellen Sie verschiedene Möglichkeiten zur Wahl*

> Einem Kind Wahlmöglichkeiten zu lassen, vermittelt ihm das Gefühl, daß es eine gewisse Kontrolle über sich selbst und seine Welt hat. Das stärkt das Selbstwertgefühl und hilft zudem, die eigene Urteilsfähigkeit zu schulen.

Es gefällt niemandem, zu einer bestimmten Handlung gedrängt zu werden. Ihr Kind bildet da keine Ausnahme. Einem Kind die Möglichkeit einzuräumen, wählen zu können, vermittelt ihm das Gefühl, die Kontrolle über sich selbst und seine Welt zu haben. Dies stärkt das Selbstwertgefühl und hilft zudem, die eigene Urteilsfähigkeit zu schulen. In diesen ersten Lebensjahren sollten es jedoch immer nur zwei Möglichkeiten sein, die die Eltern zur Wahl stellen. Mehr als zwei würden ein Kind überfordern und zu unnötigen Debatten führen. Zusätzlich lehrt dieser Lernprozeß, Verantwortung und die richtige Wahl selbst treffen zu können. Es ist durchaus in Ordnung, Ihrem Kind die verschiedenen Möglichkeiten mehrmals zu wiederholen. Älteren Kindern kann man durchaus auch mehr als zwei Wahlmöglichkeiten geben.

*Beispiele:*

„Du kannst entweder einen Lutscher oder eine Fruchtschnitte haben, Robert. Du kannst es dir aussuchen. Du darfst wählen."

„Du kannst in der Küche oder im Spielzimmer spielen, Lilly. Es ist deine Wahl."

„Du kannst dein Buch anschauen oder malen, Toni."

*(Wenn Toni anfängt zu weinen)* „Ich sehe, daß Toni weinen will. Das ist in Ordnung. Toni hat sich ausgesucht zu weinen."

### *Seien Sie realistisch*

Natürlich wird ein zwanzig Monate altes Kind nicht sagen: „Gut, Mami. Ich habe meine Wahl getroffen: Hier hast du deine Bürste zurück." Doch kleine Kinder können ein weitaus umfangreicheres Vokabular verarbeiten, als sie selbst aktiv besitzen. Mit der Zeit wird Ihr Kind verstehen, was Sie ihm sagen. Wenn Sie ihm das nächste Mal etwas wegnehmen müssen, wird es das Gefühl haben, zunächst eine Wahlmöglichkeit gehabt zu haben. Langfristig gesehen wird das ihrem Kind helfen, selbst nachzudenken und sich selbst zu regulieren. Nach einiger Zeit wird das Kind wissen, daß Sie es tatsächlich so meinen, wenn Sie zu ihm sagen: „Du hast die Wahl." Dies wird entweder dazu führen, daß es in seiner Bockigkeit nachläßt oder aber gleich auf das, was Sie sagen, hört. Es ist angebracht, diese einfachen kleinen Wahlmöglichkeiten anzubieten, wann immer Sie etwas entfernen oder verbieten müssen.

Es ist außerdem wichtig, auch Weinen oder Jammern als Wahlmöglichkeit anzuerkennen, da es letztlich dazu beitragen wird, daß das Kind Kontrolle über sein eigenes Verhalten lernt. Hier sind die Eltern gefordert: Wenn sich das Kind entschieden hat, zu weinen, müssen sie auch das respektieren ohne mahnend einzugreifen oder negativ zu reagieren. Erniedrigen Sie Ihr Kind nicht und vermeiden Sie es, seinen Charakter oder seine Persönlichkeit zu kritisieren. Verzichten Sie auf Sätze wie etwa: „Benimm dich, Katrin. Du hörst dich an wie ein Baby." Oder: „Julian, ich werde dir nicht zuhören, wenn du nicht aufhörst zu weinen." Nehmen Sie das kindliche Verhalten vielmehr einfach zur Kenntnis und geben Sie es für Ihr Kind wieder.

### *Geben Sie nicht auf!*

Sie werden die Sieben-Schritte-Methode vielleicht ein halbes Jahr lang anwenden müssen, bevor sich Resultate zeigen werden. Am Anfang mag es wohl etwas komisch sein, jeden Schritt ständig wiederholen zu müssen. Möglicherweise werden Sie die einzelnen Schritte anfangs über einen Zeitraum von zehn oder zwanzig Minuten oder sogar noch länger wiederholen müssen. Bleiben Sie dabei! Erlauben Sie Ihrem Kind gegen Ihr „Nein" zu protestieren, solange es will. Zeigen Sie, daß Sie seine Enttäuschungen verstehen und nachvollziehen können. Überlegen Sie sich Ihre Worte gut, aber bleiben Sie „Sie selbst".

Erlauben Sie Ihrem Kind gegen Ihr „Nein" zu protestieren, solange es will. Zeigen Sie, daß Sie seine Enttäuschungen verstehen und nachvollziehen können.

Nach einiger Zeit wird es verstehen, was der Sinn dieser „Übung" ist, und gelernt haben, auch mit Enttäuschungen fertig zu werden. Ihr Kind wird langsam die Fähigkeit entwickeln, das eigene Denkvermögen zu schulen und Selbstkontrolle zu üben.

### *Anwendung der Sieben-Schritte-Methode*

Mit ein wenig Übung werden Sie die Sieben-Schritte-Methode nahezu automatisch in jeder Situation anwenden können. Die folgenden Fallbeispiele zeigen, wie natürlich ein Austausch zwischen Ihnen und Ihrem Kind klingen kann. Sprechen Sie immer langsam und mit der erforderlichen Nachdrücklichkeit.

Der zweijährige Eric weint und gibt zu verstehen, daß er gerne hinaus möchte.

Mutter: „Eric möchte gerne draußen spielen. Ja, Eric wird hinausgehen. Mami spricht aber gerade noch am Telefon. Eric wird noch einen Moment warten."

Eric: „Nein! Raus."

Mutter: „Eric möchte, daß ich mein Telefonat genau jetzt beende und mit ihm hinausgehe. Mama versteht das. Manchmal fällt es ganz schön schwer, warten zu müssen. Wir werden später zusammen hinausgehen."

Eric: (weint)

Mutter: „Ich weiß, daß du dir wünschst, ich würde aufhören zu telefonieren. Aber Mami wird das Gespräch erst zu Ende führen. Eric, schau auf das Telefon. Mami spricht am Telefon. Eric versteht das. Ich weiß, daß es schwer sein kann zu warten."

Eric: „Mami – raus!"

Mutter: „Du kannst mit deinen Spielsachen spielen oder Fernsehen schauen. Du hast die Wahl. Du kannst es dir aussuchen."

Eric: (weint noch immer)

Mutter: „Das ist auch in Ordnung. Eric möchte weinen. Das ist deine Entscheidung. Das ist Erics Wahl. Manchmal fällt es sehr schwer zu warten."

**Lektion:** Manchmal muß man auf Dinge warten.
**Botschaft:** Mami hört Eric zu. Mami versteht Eric. Eric kann selbst wählen.

Dieses Beispiel ist sehr lebensnah. Es zeigt allerdings eher einen Vorgang, als daß es uns ein glückliches Resultat präsentiert. Selbstverständlich wird ein Kleinkind *keine* Selbstkontrolle lernen, wenn es von seinen Eltern nur zwei- oder dreimal solche Sätze zu hören bekommt. Die Resultate in den nächsten drei Monaten jedoch werden bemerkenswert positiv sein.

### *Gesprächssituation* ■

Die dreieinhalbjährige Katrin schreit: „Ein Eis, ein Eis!"

Mutter: „Katrin will ein Eis haben. Ja, Katrin will ein Eis haben."
Katrin: „Eis, Mami."
Mutter: „Ja, wir werden später ein Eis holen, Katrin. Ja, wir werden später ein Eis holen, Katrin."
Katrin: „Ein Eis, ein Eis!"
Mutter: „Du hättest gerne den ganzen Tag lang Eis. Du hättest gerne jetzt sofort ein Erdbeereis. Du kannst einen Keks oder Apfelsaft haben, Katrin. Du kannst es dir aussuchen. Du hast die Wahl."
Katrin: „Nein, ein Eis, ein Eis!"
Mutter: „Ja, ich weiß, Katrin will ein Eis haben. Ich weiß, daß Katrin versteht. Ich wünschte, Katrin könnte zehn riesige Eis haben. Du hast die Wahl zwischen Keks und Apfelsaft. Du darfst wählen. Katrin versteht das."

**Lektion:** Du kannst nicht immer das haben, was du willst.
**Botschaft:** Ich habe verstanden, was Katrin möchte. Es ist nichts daran auszusetzen, was Katrin möchte. Katrin kann wählen.

Eltern sollten sich darauf einstellen, die gleichen Worte immer und immer wieder zu wiederholen. Mit der Zeit wird das Erfolg haben.

*Bleiben Sie ruhig*
*und zeigen Sie Ihrem Kind immer wieder, daß Sie es respektieren.*
*Denken Sie daran, Ihre Sätze immer wieder zu wiederholen.*

# Achtes Kapitel: Sprechen Sie nicht herablassend, sondern ermutigend mit Ihrem Kind

Wie lange es dauert, bis Ihr Kind Ihr „Nein“ tatsächlich akzeptiert, hängt zu einem großen Teil von Ihrem Kommunikationsstil ab. „Ermutigend“ zu sprechen heißt, respektvoll zu reden. Das bedeutet umgekehrt, nicht herablassend mit ihm zu sprechen, nicht auf es einzureden oder gar so zu reden, daß es Sie gar nicht verstehen kann. Dieser Gesprächsstil ist entspannt, natürlich und für beide Seiten auch weniger belastend: Denn Sie brauchen weitaus mehr Energie, wenn Sie herablassend zu Ihrem Kind sprechen, als wenn Sie *mit* ihm reden. Ab welchem Alter nun sollten Eltern anfangen, so zu reden? Sie können bereits ab dem *ersten Tag* damit beginnen. Natürlich versteht ein Säugling noch nicht, was Sie zu ihm sagen. Doch es erkennt Ihre Tonlage, und Sie üben schon einmal für spätere Zeiten.

## *Machen Sie sich keine Sorgen um die Entwicklung der Intelligenz Ihres Kindes*

Achtung sollte immer die Grundlage bilden, wenn Sie mit Ihrem Kleinkind reden. Das ist die Grundvoraussetzung dafür, daß sich emotionales und intellektuelles *Vertrauen* zwischen Eltern und Kindern herausbilden kann. Eltern konzentrieren sich leider allzu sehr auf die Entwicklung der Intelligenz (vielleicht aufgrund der unnatürlichen Gewichtung, die die Gesellschaft auf Wettbewerbsfähigkeit legt). Das *Verhalten* ist in dieser Entwicklungsphase jedoch besonders wichtig: „Die geistigen Fähigkeiten bilden sich heraus." (Arno Gesell) Das heißt mit anderen Worten: Die individuelle Entwicklung der Intelligenz eines jeden Kindes kann nicht über ihr natürliches Maß forciert werden. Der Psychologe David Elkind schreibt in seinem Buch „Das gehetzte Kind", daß Kinder, die unabhängig vom Stand ihrer Entwicklung dazu gedrängt werden, zum Beispiel lesen zu lernen, die Freude am Lesen später leicht verlieren.

> Achtung sollte die Grundlage sein, wenn Sie mit Ihrem Kleinkind reden. Sie ist die Voraussetzung für die Entwicklung des emotionalen und intellektuellen *Vertrauens* zwischen Eltern und Kindern.

Jean Piaget geht sogar so weit, Kindern bis zum Alter von fünf Jahren keinerlei abstrakte Symbolsysteme (wie sie uns zum Beispiel in der Mathematik und beim Lesen begegnen) zu vermitteln. Obwohl zahlreiche Forschungsergebnisse beweisen, daß die kindliche Aufnahmebereitschaft und Entwicklungsfähigkeit bereits lange vor diesem Alter einsetzt, sollten Eltern keinesfalls die emotionale Bereitschaft ihres Kindes außer acht lassen. Eltern können in dieser Phase auch ihre Erwartungen in bezug auf die intellektuelle Entwicklung ihres Kindes überdenken. Nehmen Sie den Druck von sich und Ihrem Kind: Legen Sie die Leselernkarten beiseite, und konzentrieren Sie sich auf das *Verhalten* des Kindes, nicht auf seine *Intelligenz.*

Wie bei jeglicher Art von zwischenmenschlicher Kommunikation, gibt es auch hier sich überlappende Eigenschaften, die auf allen Entwicklungsstufen zu finden sind. Innerhalb dieser Stufen gibt es vier wichtige Kommunikationskriterien: Tempo, Inhalt, Wiederholung und Haltung.

### *Das Baby (bis etwa zum siebzehnten Lebensmonat)*

Während der ersten zwölf Monate im Leben Ihres Babys sollte das *Tempo* Ihrer Sprache ganz natürlich sein – genau so, wie Sie sich auch mit Ihren Freunden und mit dem Rest der Familie unterhalten. Es besteht keinerlei Notwendigkeit, langsamer zu sprechen, als Sie es normalerweise tun. Dies wird erst in der nächsten Entwicklungsphase Ihres Babys (ungefähr ab dem fünfzehnten Lebensmonat) nötig sein. Ihr Kind verarbeitet nun den Rhythmus Ihres natürlichen Sprechaktes; gleichzeitig entwickeln sich die physiologischen Voraussetzungen, mit denen es überhaupt erst in der Lage ist, zu sprechen. Das Kind hört auf die sanften Töne Ihrer Stimme und assoziiert diese Töne mit physischer und emotionaler Geborgenheit.

Als nächstes wird Sie vielleicht der Inhalt dessen, was Sie zu Ihrem Baby sagen sollten, überraschen: Da Töne in diesem Alter noch eine größere Bedeutung haben als Wörter, ist dies eine gute Gelegenheit, um zwischen Baby-*Lauten* und Baby-*Sprache* zu differenzieren. „Babylaute" sind jene ständig wiederholten Vokale und Konsonanten, die wir unseren Babys vormachen, um sie zum Lächeln oder Lachen zu animieren: „Da da gaga ba be da." Diese „Babylaute" sind immer spielerisch, und Ihr Kind lernt dabei, wann und wie es auf Ihr Gesicht und Ihre Stimme reagieren kann. Eltern benutzen diese Laute gern, da sie leicht einzusetzen sind und zudem noch Spaß machen. Lassen Sie Ihr Kind zusätzlich zu diesen nur lustigen „Babylauten" jedoch auch Ihre Stimme vernehmen, wie Sie sich sonst anhört, wenn Sie ganz normal sprechen. Stellen Sie dann das Inhaltliche, den Wortschatz und den Tonfall in den Vordergrund: „Mami setzt sich jetzt ins Auto." „Schau mal der Hund, Leo." „Sag auf Wiedersehen zu meiner Freundin Vera, Stefan."

Manchen Eltern kommt es albern vor, sich so normal mit einem neun Monate alten Baby zu unterhalten. Das ist verständlich, denn oft erntet man vom Baby nur einen verständnislosen, sehr erstaunten Blick, oder es reagiert überhaupt nicht. Wenn sich Eltern jedoch immer wieder bewußt machen, daß sie Sprache und Kommunikation vermitteln, wird dies solche Wahrnehmung in den Hintergrund rücken lassen.

Ebenso sollten Eltern untereinander darauf achten, ein negatives Verhalten ihres Kindes niemals in dessen Gegenwart zu besprechen. Vermeiden Sie solche Sätze wie: „Markus ist ein quengeliges Baby" oder „Andrea weint recht viel", wenn Ihr Kind Sie hören kann. Solche negativen Aussagen werden von einem Kind auf Dauer wahrgenommen. Noch wichtiger ist es, solche Unterhaltungen zu vermeiden, wenn das Kind etwas älter wird.

Der beste Beweis dafür, daß Eltern sich für das Verhalten Ihres kleinen Kindes schämen, ist eine sofortige Entschuldigung für sein Verhalten – direkt vor dessen Augen und Ohren: „Michael ist gerade etwas schüchtern." „Alexander ist eine Heulsuse." „Katie, das ist unhöflich, wenn du nicht ‚Hallo' sagst." „Thomas ist heute ein kleines Ungeheuer." Solche Sätze sind für ein Kind peinlich. Und es kann durchaus sein, daß es sich gerade deshalb weiterhin so verhält: es ist ihm ja bescheinigt worden. Daraus kann schnell ein „Teufelskreis" entstehen!

Positive Reaktionen in einer solchen Situation wären etwa: „Michael möchte gerade nicht sprechen. Vielleicht etwas später." „Vielleicht möchte Katie etwas später ‚Hallo' sagen." „Thomas hat ein bißchen Schwierigkeiten, sein Schreien unter Kontrolle zu bringen. Er ist gerade sehr wütend." Sobald Eltern feststellen, daß sie im Begriff sind, ihre Kinder zu blamieren, sollten Sie sich darum bemühen, diese Verhaltensmuster abzulegen. Die richtige Einstellung der Eltern unterstützt das Wohlbefinden ihres Kindes.

### *Das Kleinkind (etwa achtzehn Monate bis drei Jahre)*

Zwischen dem fünfzehnten und dem achtzehnten Monat sollten sich das Tempo, der Inhalt und die Art Ihres Dialogs mit Ihrem Kind drastisch verändern.

Zunächst einmal: *Hören Sie mit der Babysprache auf!* „Will Lilly jetzt ein bißchen heia machen?“ „Sieht Andy den Wauwau da drüben?“ Viele Eltern hängen auch die Endung „ie“ an den Namen ihres Kindes: „Braver Junge, Michie.“ „Leg das hier hin, Beni.“ Auch wenn sich das in den Ohren der Eltern niedlich und liebevoll anhören mag – die Kinder nehmen ihren Namen ganz anders wahr. Babysprache bestärkt das Gefühl eines Kindes, noch ein Baby zu sein. So wird das Kind weiterhin Babynamen und Babysprache sprechen, statt richtige Wörter zu lernen. Aber – und das ist noch weit gravierender: Dies ist herablassend und fast überheblich und keinesfalls *ermutigend*. Zudem bestärkt es Kinder darin, weiterhin verkürzte Wortformen zu verwenden, die die Eltern später zu korrigieren haben werden. Auch wenn Kinder die kindliche Version eines Wortes gebrauchen (wie zum Beispiel „Wau wau“ oder „heia machen“) sollten sie von den Eltern im Gegenzug das richtige Wort zu hören bekommen: „Schau mal Andreas, ein großer Hund.“ Oder „Möchte Lilly jetzt schlafen gehen?“ Babysprache steht in direktem Kontrast zu der natürlichen Entwicklung des Kindes und seinem Bedürfnis nach Autonomie. In dieser Zeit erweitert sich der Wortschatz sehr rasch. Bleibt ein Kind zu lange bei der Babysprache, so wird dies unweigerlich zu einer Verzögerung in der Verhaltensentwicklung führen. Darum sollten alle Eltern darauf achten, den Wortschatz ihres Kindes ständig zu erweitern.

Unbedingt vermeiden sollte man es, die unweigerlichen Versprecher zu wiederholen. Wenn ein Vater zum Beispiel wiederholt: „Ja, Stefan, das ist ein Ballom“ –, so wird das

Kind noch mehr irritiert. Denn es ist nun überzeugt, das Wort richtig ausgesprochen zu haben. Andere Eltern dagegen korrigieren ihre Kinder – unbewußt – fast ununterbrochen: „Nein, Stefan, du meinst Ballon, nicht Ballom." Solche Zurechtweisungen erniedrigen und entmutigen jedoch nur und veranlassen ein Kind, aus Angst vor Korrekturen die Worte in Zukunft nur noch undeutlich zu murmeln oder gar alltägliche Gespräche zu vermeiden. Außerdem fühlt es sich hier für etwas „bestraft", worüber es noch gar keine Kontrolle hat: nämlich die Lautbildung und die Stellung der Zunge. Ein besserer Weg wäre es daher, die Aufmerksamkeit des Kindes nicht auf seine fehlerhafte Aussprache zu lenken, sondern vielmehr das Wort korrekt zu wiederholen: „Ja, Stefan, das ist ein Ballon."

> Bleibt ein Kind zu lange bei der Babysprache so wird dies unweigerlich zu einer Verzögerung in der Verhaltensentwicklung führen. Darum sollten alle Eltern darauf achten, den Wortschatz ihres Kindes ständig zu erweitern.

Als Faustregel kann gelten, daß Sie mit kleinen Kindern in halbem Tempo sprechen sollten wie normalerweise. Am Anfang mag Ihnen das unangenehm oder dumm vorkommen, doch denken Sie daran, daß das eigentliche Ziel nicht darin besteht, so viele neue Wörter wie möglich in einen Satz zu packen, sondern sich auf dem Niveau Ihres Kindes mit ihm zu verständigen – und zwar sowohl intellektuell wie auch emotional. Allein die Tatsache, daß Ihr Kind bereits einen recht großen Wortschatz besitzt und in der Lage ist, Ihnen zu folgen, muß noch lange nicht bedeuten, daß es sich auch in der von Ihnen gewählten Gesprächsführung wohlfühlt. Sprechen Sie langsam und versuchen Sie, auf jede Äußerung des Kindes zu achten und entsprechend darauf zu reagieren. Auf diese Art wird das Kind nicht das Gefühl haben, unterlegen zu sein. Denn Sie befinden sich nun beide auf gleichem Niveau. *Das ist enorm wichtig, um Vertrauen herauszubilden.* Eltern mag der Sprechstil manchmal zu langsam erscheinen, aber beobachten Sie einmal das Gesicht Ihres Kindes; Sie werden feststellen, wie konzentriert und doch entspannt es ist, während Sie mit ihm reden.

Erinnern Sie sich noch an Ihre erste Unterrichtsstunde in einer Fremdsprache? Erst nach ungefähr einem Jahr wurden Sie einigermaßen mit den Tönen und dem Rhythmus der Sprache vertraut. Fühlten Sie sich nicht auch bei einem Lehrer oder einer Lehrerin sicherer, der oder die langsam sprach und Ihnen so Zeit zum Verstehen ließ? Sehen Sie, auch Ihr Kind braucht diese Zeit.

Außerdem sollten Sie unbedingt darauf achten, auf Gefühle, die das Kind Ihnen gegenüber äußert, zu reagieren und sie zu spiegeln. So können Sie zum Beispiel sagen: „Bist du böse auf Papa, Anne?" Oder wenn die Kleine glücklich lächelt: „Jetzt ist Anne aber zufrieden." Indem Sie die Gefühle Ihres Kindes bezeichnen, helfen Sie ihm, seine eigenen Stimmungslagen und Emotionen zu identifizieren und zu klassifizieren. „Es ist nicht ungewöhnlich für ein Kleinkind, bei einer traurigen Nachricht zu kichern oder mit einem breiten Lächeln ‚Ich mag dich nicht' zu sagen." (Stanley Greenspan) In diesem Alter sind Kinder gerade erst dabei, ihre Emotionen zu ordnen und zu verinnerlichen. Als Eltern können Sie ihnen helfen, Ihre Gefühle zu lenken, zu bezeichnen und zu verstehen.

### *Sag's mir noch einmal!*

Sicher ist Ihnen vom Geschichtenvorlesen her bekannt: Kinder lieben es, exakt die gleiche Geschichte wieder und wieder zu hören. Das ist ihre Art zu lernen. Eine solche Wiederholung ist Teil ihrer täglichen Routine und gibt eine gewisse Sicherheit. Die Kinder lernen, indem sie die Antworten vorwegnehmen, die sie zuvor gehört haben. Das trainiert das Erinnerungsvermögen und die verschiedensten Fertigkeiten, die wichtig sind, um das Leben zu meistern. Genau das ist auch der Grund, warum kleine Kinder ein und dieselbe Frage oder Bitte bis zu zwanzigmal stellen können. „Papa, was ist das?" „Mami, guck mal." Eltern sollten wegen solch permanenter Wiederholung der immer gleichen Fragen nicht verzweifeln, sondern den Kindern jedesmal die richtige Antwort geben. „Ja, David, das ist ein Auto." „Ich sehe, wie du auf dem Stuhl sitzt, Lilly." Indem Sie Ihrem Kind Schritt für Schritt und Frage für Frage folgen, vermitteln Sie ihm die Sicherheit und die Achtung, die es braucht.

Die meisten Kleinkinder kennen die Antwort auf ihre Fragen bereits – sie wiederholen sie lediglich für sich, um sich die Antworten besser einzuprägen. Genauso testen sie dabei aber auch den Grad Ihres Interesses. Dies ist *ein ganz entscheidender „Elterntest", den es zu bestehen gilt*. Die meisten Eltern sind nach der dritten Wiederholung der gleichen Frage bereits genervt oder fangen an, ihr Kind einfach zu ignorieren. Sie denken wohl, ihr Kind wäre absichtlich unausstehlich. „Wie oft wirst du diese Frage noch stellen, Theo?" „Ich habe dir doch schon längst erklärt, was das ist!" Diese Art der Reaktion unterdrückt die kindliche Motivation, weiter zu erkunden und zu fragen. Die „Phase des Fragenstellens" ist ein sehr wichtiger Abschnitt in der kindlichen Entwicklung und sollte als der ernsthafte Versuch des Kindes, sein Vokabular zu erweitern und Informationen zu sammeln, gewertet werden. Ein Psychologe blieb einmal seinem eigenen dreijährigen Sohn einen Tag lang auf den Fersen, um zu zählen, wie viele Fragen er wohl stellen würde: Er kam auf 376 Fragen! Ich selbst habe es mit meinem Zweieinhalbjährigen ausprobiert und kam an diesem Tag auf 317 Fragen. Da diese Situation so häufig vorkommt, haben Sie nun einen sehr prägenden Einfluß auf Ihr Kind. Also: Bleiben Sie gelassen, und antworten Sie ernsthaft. Wiederholungen sind unbedingt notwendig, um eine vertraute Beziehung aufzubauen und aufrecht zu erhalten. Sie fördert sowohl die Entwicklung als auch die Lernmotivation.

Sind Sie dabei, Ihre Gründe für ein „Nein" darzulegen, ist es das beste, dies so einfach wie möglich zu tun. Bekämpfen Sie den Impuls, längere und interessantere Erklärungen abzugeben. Kleine Kinder haben große Freude, wenn Sie einfachen Zusammenhängen folgen können. Zum Schluß des kleinen Austausches kann ein Elternteil dem Kind zum Beispiel sagen: „Danke, daß du das verstehst, Toni." Oder: „Danke, daß du gewartet hast, Anne." Das enthält einen „reifen" Unterton und fördert ein „großes Mädchen-/großer Junge-Verhalten". Das Wort „danke" gehört nicht nur in die Höflichkeitserziehung.

Verzichten Sie auf den Einsatz des Wortes *bitte*, wenn Sie Ihrem Kind Grenzen setzen oder ihm sagen, es solle auf das hören, was Sie ihm sagen. Sagen Sie also nicht: „Bitte, Katrin, es ist jetzt Zeit fürs Bett. Die fünf Minuten sind um." Oder „Bitte, Robert, die Schere gehört in die Schublade. Leg sie bitte wieder zurück." Kleinere Kinder reagieren in solchen Situationen auf das Wort *bitte*, als sei es eine „Einladung", *nicht* zu gehorchen. Das liegt an dem Unterton von „Betteln", der hier mitschwingt. Kinder meinen dann, die Eltern würden es nicht *wirklich ernst* meinen und werden ihr Verhalten möglicherweise noch etwas in die Länge ziehen. Viele Eltern verwechseln Höflichkeit mit Charakterstärke, wenn sie dabei sind, ihren Kindern gute Manieren zu vermitteln. Eltern, die etwa sagen: „Katrin, reich mir mal bitte die Brötchen", achten auf Manieren und Höflichkeit. Für andere Fälle mag es jedoch angebrachter sein, in festem Ton zu sagen: „Katrin, ich erwarte von dir, daß du das zurücklegst." Oder „Katrin, ich werde es nicht zulassen, daß du deine Schwester schubst."

Kleinere Kinder reagieren in solchen Situationen auf das Wort *bitte,* als sei es eine „Einladung", *nicht* zu gehorchen. Das liegt an dem Unterton von Betteln, der hier mitschwingt. Kinder meinen dann, die Eltern würden es nicht *wirklich ernst* meinen und werden ihr Verhalten möglicherweise noch etwas in die Länge ziehen.

## *Das „Hallo, hier bin ich"-Syndrom*

Der zweieinhalbjährige Nico, saß während eines „Mami und ich"-Kurses mit anderen kleinen Kindern und Müttern in einem Kreis. Zu dem Kurs gehörte, daß die Leiterin jeder Mutter am Ende der Stunde berichtete, was sie während der Sitzung bei den Kindern beobachtet hatte. „Robert hatte heute keine Lust zu spielen ... ist das richtig, Robert? Nicole hatte heute eine Menge überschüssige Energie und ist sehr viel herumgeklettert. Kevin hatte während der Vesperpause keinen Hunger. Nico war eher still und wollte vorgelesen bekommen." Leider achtete die Leiterin kaum auf die Reaktionen und die Verlegenheit der Kinder, während sie so durch den Raum ging. Nicht alle Kinder mögen es, wenn ihr Verhalten derartig öffentlich gemacht wird.

Man wird vielleicht argumentieren, dieses Vorgehen erziehe zu Sozialisation. Ich allerdings meine, daß so etwas Polarisierungen fördert: Es wird über die Aktivitäten geurteilt, und die Kinder müssen sich mit anderen vergleichen. Wenn ein Kind selbst etwas beobachtet hat und dann selbst vergleicht, ist das weitaus wirkungsvoller. Das ist auch der Grund, warum einige Kinder zum Beispiel das Trockenwerden leichter von anderen Kindern lernen – sie können sich darüber austauschen und voneinander „abgucken". In diesem Falle haben sie *eben nicht* mit Erwachsenenkommentaren zu rechnen wie: „Adrian hatte heute keine Lust zu klettern.“ Wenn die Lehrerin eine Interaktion herbeiführen wollte, hätte sie zunächst fragen sollen: „Kann ich darüber sprechen, was du heute gemacht hast, Adrian?“

Adrian und Olivia (beide vier Jahre alt) wurden von ihrer Erzieherin mit den Worten begrüßt: „Hallo, Adrian. Tolle Schuhe trägst du da. Hallo, Olivia, ein schönes T-Shirt hast du heute an.“ Adrian antwortete mit einem breiten Lächeln. Olivia dagegen zog sich zurück. Solche Standardbegrüßungen und kleine Schmeicheleien werden von vielen für nette „Eisbrecher“ gehalten. Seien Sie aber nicht überrascht, wenn Kinder auf eine solche Begrüßung den Kopf einziehen oder Ihr Kompliment gar völlig ignorieren. Es könnte nämlich durchaus sein, daß derartige Komplimente kleinen Kindern peinlich sind, weil sie darauf noch keine rechte Antwort parat haben. Ein anderer Grund könnte sein – und das ist für Außenstehende weniger augenscheinlich –, daß das Kind das entsprechende Kleidungsstück eigentlich gar nicht anziehen wollte. Manchmal setzen Eltern sich gegen den Willen des Kindes durch und wollen, daß sie ein bestimmtes Kleid oder eine Hose anziehen, die sie selbst niedlich finden. Und dazu kommt dann auch noch die unwillkommene Begrüßung „He, Olivia, du hast aber ein tolles T-Shirt an“! Eine passendere Begrüßung wäre hier etwa: „Hallo Olivia, schön dich zu sehen.“ Kleine Kinder brauchen keine „Aufwärmer“ zu Beginn einer Begegnung. Sie haben es lieber, wenn einfach mit ihnen gesprochen wird, beziehungsweise wenn man ihnen Zeit läßt, sich in eine Situation einzufinden.

Es gibt Eltern, die ihre Kinder ganz unbewußt in deren Gegenwart bloßstellen. So sagen sie zum Beispiel: „Achte einfach nicht auf Max. Er ist nur müde“ oder „Eva spricht nicht. Sie ist schüchtern“ oder „Sie würde gerne sprechen, aber sie kann nicht“. Solche erniedrigende, peinliche oder bloßstellende Äußerungen werden von kleinen Kindern sehr wohl verstanden. Mit der Zeit werden solche Äußerungen auch Auswirkungen auf die Stimmung des Kindes haben: Das führt dazu, daß Kinder sich wie unsichtbar vorkommen – und wieder beginnt ein Teufelskreis ...

Der vierjährige Eric saß mit seinen Eltern an einem Tisch im Restaurant, als Freunde der Eltern zu ihnen traten. Die Freundin der Mutter erkundigte sich, wie es Eric gehe, und die Mutter antwortete sofort: „Eric mag seine neuen Klavierstunden, aber er will immer noch nicht schwimmen lernen. Aber du solltest ihn spielen sehen – da sieht er immer so niedlich aus." Das löste bei Eric gleich zwei Gefühle aus: Zum einen fühlte er sich wie unsichtbar, und zum anderen war ihm alles peinlich. Er fand sich selbst nie niedlich, wenn er auf dem Klavier spielte. Für ihn war es harte Arbeit, Klavier zu üben. Und was die Erwähnung seiner Schwimmstunden betrifft, so mußte er an seinen großen Bruder denken, der ihn bei seinen ersten Schwimmversuchen ausgelacht hatte. Es wäre besser gewesen, die Mutter hätte ihn erst gefragt, ob sie über seine Aktivitäten sprechen darf, oder hätte wenigstens etwas gesagt wie: „Eric, ich wollte der Silvia gerade erzählen, wie fleißig du Klavierspielen geübt hast."

> Erniedrigende, peinliche oder bloßstellende Äußerungen werden von kleinen Kindern sehr wohl verstanden. Mit der Zeit werden solche Äußerungen auch Auswirkungen auf die Stimmung des Kindes haben: Das führt dazu, daß Kinder sich wie unsichtbar vorkommen und wieder beginnt ein Teufelskreis ...

### *Zu früh zu nah*

Eingriffe in die Privatsphäre werden im allgemeinen erst bei Teenagern zum Thema. Tatsächlich aber ist das Problem schon in früher Kindheit aktuell. Oft beobachtet man etwa, daß ein kleines Kind ohne jede Vorwarnung plötzlich herumgedreht wird – zu einem Freund der Eltern oder einem anderen Familienmitglied. Auch ein Kleinkind sollte jedoch vorsichtig auf einen solchen Richtungswechsel vorbereitet werden: „Arnie, ich lasse dich jetzt mal von Tante Marla halten." In der Kleinkind-Phase lassen sich solche Szenen häufiger beobachten, zum Beispiel wenn Eltern mit den Kleinen im Supermarkt sind und Freunde oder fremde Personen Gesicht, den Po, das Haar oder die Händchen des Kindes berühren wollen, während sie es begrüßen. Oft genug passieren solche Berührungen, ohne daß sie zuvor angekündigt wurden und ohne daß das Kind es gewollt hätte.

Michael, gerade zwei Jahre alt, hatte seine Großmutter seit vier Monaten nicht mehr gesehen. Als er mit seiner Mutter an der Haustür erschien, hob ihn die alte Dame schon liebevoll in die Höhe, drückte ihn an sich und fragte: „Na, wie wäre es mit einem Küßchen für die Oma?" Michael blieb gar keine Zeit, sich auf die Situation einzustellen oder darüber nachzudenken wie er reagieren will.

Kleine Kinder brauchen Zeit, um „aufzutauen" und mit einer neuen Situation vertraut zu werden. Als die dreijährige Lilly von einer Freundin ihrer Mutter gefragt wird, ob sie sie auf den Arm nehmen dürfe, wendet sie sich ab. Die Mutter sagt daraufhin: „Oh, sie ist gerade etwas schüchtern." Ob Lilly nun tatsächlich schüchtern ist oder diese Schüchternheit nur spielt – es ist jedenfalls ihre Art, ihre Macht auszuprobieren, um selbst entscheiden zu können, wer ihr nahekommen darf und wer nicht. Es ist gut für ein Kleinkind, solche Unabhängigkeit zu empfinden. Eltern können dann auch das Verhalten ihres Kindes erklären: „Lilly möchte gerade nicht gehalten werden. Vielleicht später."

Jeden Mittwoch morgen trompetete Davids Erzieher ein lautes „Guten Morgen" heraus, wenn er in den Raum kam. Auf die gleiche Art begrüßte er auch jedes einzelne Kind, das ins Spielzimmer kam. Manche Kinder reagieren auf solche Begrüßungen etwas ängstlich, weil sie sich unter Druck fühlen, genauso antworten zu müssen. Genauso wie es unterschiedliche Temperamente gibt, wollen die einzelnen Kinder auch unterschiedlich begrüßt werden. Selbst wenn Kindern die Personen vertraut sind, bringt doch jeder Tag eine andere Stimmung oder Gefühlslage mit sich. Gute ErzieherInnen berücksichtigen das und werden auf jedes Kind individuell eingehen. Laute Begrüßungen oder solche, bei der das Gesicht der wohlmeinenden Erwachsenen – ErzieherInnen, Tagesmütter oder -väter – dem Kind zu nahe kommt, können als bedrängend empfunden werden. Dieses Verhalten der Erwachsenen ist gut zu verstehen, wollen doch viele *möglichst schnell* ein gutes Verhältnis zu dem Kind aufbauen. Außerdem müssen Erwachsene ihr eigenes Bedürfnis, von einem Kind gemocht zu werden, befriedigen. Und dennoch – manchmal ist ein leises „Hallo" oder gar ein lautloses Winken ein deutlicheres Signal dafür, daß Sie freundlich, geduldig und vertrauenswürdig sind. In der Regel brauchen Kinder eine gewisse Zeit der Beobachtung, ehe sie warm werden und sich in einer bestimmten Situation zurechtfinden oder auf jemanden zugehen.

### *Das Kind (drittes bis fünftes Lebensjahr und darüber)*

Zwischen dem dritten und dem fünften Lebensjahr ist Ihr Kind aus dem Kleinkindalter herausgewachsen. Jetzt bekommen die Gespräche mit ihm für beide Seiten ein ganz neues Gewicht. Größeres gegenseitiges Verständnis, mehr „echte Gespräche" und ein reiferer Gedankenaustausch kennzeichnen dieses Stadium. Nun können Sie beginnen, das *Tempo* Ihrer Sprache zu beschleunigen – allerdings nicht auf die Geschwindigkeit, wie Sie beispielsweise mit Ihren Freunden sprechen würden. Selbst wenn Ihr Kind in der Lage ist, Ihnen zu folgen, sollten Sie etwas langsamer sprechen. Ihr Kind wird Ihnen lieber zuhören, wenn Ihrem Tempo leichter zu folgen ist. Indem Sie langsamer sprechen und vermehrt Augenkontakt suchen, zeigen Sie dem Kind, daß Sie es „für voll nehmen“ – Sie signalisieren ihm damit: „Du bist wichtig.“ Sollten Sie daran zweifeln, versuchen Sie es einmal, und beobachten Sie das Gesicht Ihres Kindes. Und Sie werden *sehen* können, daß es funktioniert!

### *Zwischen Eltern und Kind*

Nun kommt die lang erwartete „Belohnung“: Das Leben mit Ihrem Kind spielt sich nun – sowohl intellektuell als auch emotional – auf einer anderen Ebene ab. Es ist nun nicht mehr so wie früher, als das Einkaufen im Supermarkt fast so spannend wie ein Besuch in einem Freizeitpark war. Ein Kind im Alter zwischen vier und sechs Jahren kann der bloße Gedanken ans Einkaufengehen schon langweilen. Umfassende Wortschatzstudien an Kindern ergaben, daß das Vokabular eines Dreijährigen von ungefähr neunhundert Worten auf über zweitausend Wörtern bei Fünfjährigen und circa zweitausendfünfhundert bei Sechsjährigen anwächst (so eine Untersuchung von Medora Smith).

Kinder sehen sich nach neuen Aktivitäten um, die für sie neue Herausforderungen bringen und bei denen sie ihre neuen psychischen und physischen Fähigkeiten anwenden und beweisen können. Längere gemeinsame Spaziergänge, gemeinsame Bastelarbeiten und „wissenschaftliche“ Experimente werden ihre gegenseitige emotionale und intellektuelle Beziehung vertiefen. Fordern Sie das Kind auf, Sie zu begleiten: „Hast du Lust, raus zu gehen und mit Papa einen Spaziergang zu machen, Sandra? Wir könnten uns gegenseitig erzählen, was jeder von uns heute so gemacht hat.“

„Hast du Lust, dir anzusehen, wie man Eis macht, Tobias?" Hören Sie dem, was Ihnen Ihr Kind zu sagen versucht, gut zu, und finden Sie heraus, woran es wirklich Interesse hat. „Es hat mir Spaß gemacht, mit dir Eiswürfel zu machen, Tobias. Du hattest da eine gute Idee, Saft statt Wasser zu nehmen. Ich hatte wirklich Freude dabei, mit dir diese Saft-Eiswürfel zu machen." Tobias: „Ja, Papa, es war lustig und hat gut geschmeckt!" Wenn Sie darüber sprechen, was Sie gerade gemeinsam gemacht haben, vermitteln Sie wirkliches Interesse.

Auch in diesem Alter wird Ihr Kind wieder tausend Fragen haben. Sehr wahrscheinlich wird es bei vielen Gesprächen den Anfang machen. Dies ist der Beweis, daß es Ihnen gelungen ist, eine Vertrauensbasis aufzubauen. Ein Kind nämlich, das sich immer wieder lächerlich oder in der Defensive fühlt, wird kaum einen Dialog mit seinen Eltern beginnen, sondern darauf warten, daß die Eltern dies tun.

Diese Phase ist ebenfalls durch die neu erworbene Fähigkeit des Kindes, seinen Intellekt beziehungsweise seine Logik gebrauchen zu können, gekennzeichnet. Stanley Greenspan erklärt überzeugend, warum es so wichtig ist, Kinder ihren eigenen Standpunkt – die Grenzen betreffend – vertreten zu lassen, besonders dann, wenn sich ihre Meinung von der der Eltern unterscheidet. Denn dies wird auch positive Auswirkungen auf die Beziehung zu Gleichaltrigen haben. Greenspan: „Es fördert die Fähigkeit für logisches Denken und läßt das Kind in seinem späteren Leben zu einem entschlossenen und intelligenten Menschen werden." Und weiter betont Greenspan: „Eine gesunde Mischung aus Befriedigung und Frustration hilft einem Kind zu begreifen, wie Beziehungen funktionieren und lehrt sie, weniger in Extremen zu denken. Wenn Kinder sich in einer Beziehung grundsätzlich sicher fühlen, können sie auch sicherer in den oft recht wilden Spielen mit Gleichaltrigen agieren." Es ist von daher also in Ordnung, wenn Kinder versuchen, ihre Grenzen zu erweitern: Eltern sollten den kindlichen Gefühlen und Meinungen diesen Raum lassen – andererseits aber auch gewisse Grenzen nicht aus den Augen verlieren.

Inzwischen sind Sie einen motivierenden Umgang mit Ihrem Kind gewohnt. Übertreiben Sie aber nicht mit falschem oder unrealistischem Lob. „Nützliches", das heißt „motivierendes", Lob geht in zwei Schritten vor sich: Zunächst *beschreiben* die Erwachsenen anerkennend, was das Kind sieht oder fühlt. Nach dieser nicht wertenden Beschreibung bietet sich dann dem Kind die Möglichkeit, die eigene Leistung selbst einschätzen und anerkennen zu können. Eine Mutter sagte zu ihrem vierjährigen Sohn, der mit einem selbstgemalten Bild vom Kindergarten nach Hause kam: „Du bist ein großartiger Maler, Theo. Ich wette, das Bild war das schönste von der ganzen Gruppe." Die meisten Kinder werden eine solche Übertreibung nicht glauben. Und diejenigen, die es tatsächlich glauben, werden womöglich eine ähnliche Reaktion auch von anderen Personen und dem Rest der Welt erwarten. Bessere Kommentare an dieser Stelle sind: „Du malst gern mit Grün, nicht Theo?" „Du malst gerne Kreise und Dreiecke." Oder „Papa schaut sich deine Bilder gern an." Die Botschaft an Theo ist in diesem Fall, daß er malen kann, was immer er will, daß er frei entscheiden kann.

„Nützliches", das heißt „motivierendes", Lob geht in zwei Schritten vor sich: Zunächst *beschreiben* die Erwachsenen anerkennend, was das Kind sieht oder fühlt. Nach dieser nicht wertenden Beschreibung bietet sich dann dem Kind die Möglichkeit, die eigene Leistung selbst einschätzen und anerkennen zu können.

## *Es kommt auf die richtige Einstellung an*

Um mit Ihrem Kind eine positive Kommunikation aufzubauen, ist eine richtige Einstellung nötig. Ihre Stimmung, genauso wie der Stil Ihrer Kommunikation, sagt Ihrem Kind, ob Sie ruhig, leicht aufbrausend oder impulsiv sind. *Dies ist es, was Ihr Kind sieht, und was ihm als Vorbild dient, wie es mit seinen eigenen Frustrationen und Konflikten umgehen kann.* Unsere Lebenserfahrung lehrt uns, daß wir um so gelassener und ruhiger sind, je besser wir es schaffen, unsere Gefühle zu beherrschen. Warum betone ich das so sehr? Weil es die Grundlage für all unsere Kommunikation und unser Verhalten bildet!

Ich muß an die Geschichte von einem Grundschullehrer denken, der sich in jedem neuen Schuljahr mit der Frage an seine Schüler wandte: „Wie wollt ihr denn mal werden, wenn ihr groß seid?" Augenblicklich flogen die Hände in die Höhe, und die Kinder antworteten: „Ich will Feuerwehrmann werden." „Ich will Rennfahrer werden." Der Lehrer wartete einen Moment und sagte dann: „Das war nicht das, wonach ich euch gefragt hatte, Kinder. Ich habe gefragt *wie* ihr werden wollt und nicht *was* ihr *machen* wollt. Wollt ihr anderen Leuten helfen, wollt ihr freundlich, nachdenklich oder großzügig sein?" Dieser sehr einsichtige Lehrer wußte, daß eine positive Einstellung auch positive Werte widerspiegelt.

## *Vier Möglichkeiten, um zu einer positiven Einstellung zu gelangen*

Manchmal fragen Eltern, wie sie ihre Einstellung in der Beziehung zu ihrem Kind verbessern können; wie kann man entspannter und geduldiger werden? Dies ist eine grundlegende Frage, die letztlich nach der Möglichkeit fragt, wie sich das Leben generell reicher und glücklicher gestalten läßt.

Die folgenden Anregungen zeigen, wie man seine Einstellung verändern kann. Es lohnt sich, darüber nachzudenken!

> Nehmen Sie nicht alles ernst, was andere Leute über Kinder und Erziehung zu sagen haben. Deren Enttäuschungen, Frustrationen und Fehler sind nicht Ihre! Lassen Sie sich nicht von den Geschichten anderer entmutigen; lassen Sie sich vielmehr von Ihren eigenen Instinkten leiten.

1. Beginnen Sie damit, sich im voraus darüber klar zu werden, was Sie von der Entwicklung Ihres Kindes im Moment und über die nächsten Jahre hinaus erwarten können. Das wird Ihnen helfen, realistisch zu bleiben. *Eine realistische Sicht der Dinge wird wiederum Ihre Sorge vermindern und einem möglicherweise zu hohen Anspruch vorbeugen.*
2. *Vernachlässigen Sie* neben angelesenen Ideen und Ratschlägen *niemals Ihren eigenen Instinkt beziehungsweise Ihren gesunden Menschenverstand.* Denken Sie daran: Sie haben weitaus mehr Erfahrung, als Sie meinen! Sie selbst sind schließlich auch einmal Kind gewesen. Manchmal genügt es, sich in einer bestimmten Situation einfach etwas zu entspannen und sich an die eigenen, kindlichen Gefühle zu erinnern. Es ist eine der großen Freuden und Überraschungen des Elternseins, daß uns unsere Kinder mit unserem eigenen Selbst in Berührung bringen.
3. Nehmen Sie nicht alles ernst, was andere Leute über Kinder und das Erziehen sagen. Deren Enttäuschungen, Frustrationen und Fehler sind nicht die Ihren. Lassen Sie sich nicht von den Geschichten anderer entmutigen; lassen Sie sich vielmehr von Ihren eigenen Instinkten leiten.

4. Umgeben Sie sich – soweit es in Ihrer Macht steht – mit Menschen, die ebenfalls eine positive Einstellung haben. Halten Sie nach Personen Ausschau, die an sich arbeiten und bereit sind, sich zu verändern. Zu viel Zeit mit Menschen zu verbringen, die generell eher negativ eingestellt sind und sich nur über die Welt beschweren, kann einen selbst mit der Zeit in eine schlechte Stimmung versetzen.

---

***Ein großer Lehrmeister hat einmal gesagt:<br>Die drei Schlüssel zum Glücklichsein sind:<br>die persönliche Einstellung,<br>der richtige Zeitpunkt<br>und das Lachen.***

---

## *Neuntes Kapitel: Das süße „Nein"*

Manchmal denken wir, es wäre eine Hilfe, unsere Kinder mit Koseworten anzusprechen, wenn wir ein „Nein" anbringen müssen: „Meine Süße, Schätzchen, ... nein. Wir müssen jetzt gehen." Wir glauben, das würde die schlechte Nachricht etwas „abmildern". Dieser Ton macht aber die Sache selbst nicht angenehmer und erzeugt viel eher Widerstand. Wenn Eltern versuchen, liebevoll und verständnisvoll zu sein, hört sich das für ein Kind entschuldigend und „bettelnd" an. Sobald es Eltern wirklich ernst meinen, die gesetzte Grenze erreicht oder gar schon überschritten wurde, sollten sie unmißverständlich auffordern: „Tobias, die fünf Minuten sind jetzt um. Es ist Zeit zu gehen. Ich erwarte von dir, daß du jetzt mit mir kommst."

Natürlich lieben es alle Eltern, ihre Kinder in entspannter Atmosphäre mit Kosenamen zu benennen (Süße/r, Mäuschen, Schatz etc.). Dennoch ist es sinnvoll solche Kosenamen in den ersten Jahren nicht inflationär zu benutzen. Auf den ersten Blick mag sich das vielleicht etwas übertrieben anhören, doch bei näherem Hinsehen werden Sie feststellen, daß solch unschuldiger Ausdruck von Liebe Ihr Kind in der Entwicklung seines Selbst, seiner Identität und Reife nicht immer fördert. Das *soll nicht* heißen, daß Eltern, die ihre Kinder mit Kosenamen rufen, ihnen damit etwa psychologischen Schaden zufügen. Das ist keineswegs der Fall!

Tatsächlich aber können solche subtilen Kommunikationsstrukturen entscheidenden Einfluß auf die Entwicklung und Stärkung der Identität haben. In den ersten fünf Lebensjahren sollte der Name Ihres Kindes *fast genauso oft ausgesprochen werden, wie Sie mit Ihrem Kind reden.* Genausowenig wie es eine Grenze dafür gibt, wie oft man ein Kind auf den Arm nehmen darf, ohne es zu verwöhnen, gibt es auch keine Grenze dafür, wie oft man den Namen seines Kindes ausspricht. Den eigenen Namen zu hören, hilft Kindern vielmehr, sich ihrer Identität zu versichern und stärkt ihre Autonomie. Vergessen Sie nicht – es ist noch nicht lange her, daß sie auf die Welt gekommen sind. Erinnern Sie sich an all die Bücher, die Sie gekauft, und die vielen Vorschläge für den Namen Ihres Kindes, die Sie bekommen haben! Erinnern Sie sich daran, wie es war, als Sie Ihr Baby gesehen und gedacht haben: „Ob der Name wohl zu ihr/zu ihm paßt?" Welchen Grund also gibt es, daß so viele Eltern ihre Kinder mit so generellen und immer wieder wechselnden Namen anreden wie: „Süße! Schätzchen! Mäuschen!"?

> Genausowenig wie es eine Grenze dafür gibt, wie oft man ein Kind auf den Arm nehmen darf, ohne es zu verwöhnen, gibt es auch keine Grenze dafür, wie oft man den Namen seines Kindes ausspricht. Den eigenen Namen zu hören, hilft Kindern vielmehr, sich ihrer Identität zu versichern und stärkt ihre Autonomie.

Eine Studie ergab, daß die Mehrzahl der Eltern ihr Baby oder Kleinkind nur jedes zweite Mal beim Namen nennen, wenn sie es ansprechen. Ich war neugierig und führte meinerseits eine zwanglose Untersuchung mit ungefähr zweihundert Müttern durch. Ich fragte sie, ob sie ihre Kinder ungefähr alle zwei Mal mit einem Kosenamen rufen. Und tatsächlich stimmte mein Ergebnis mit dem der Studie überein. Kosenamen können zudem verwirren und sogar zu Eifersucht führen, werden doch andere Leute – sowohl innerhalb als auch außerhalb der eigenen Familie – oft mit den gleichen Kosenamen gerufen: „Schatz, da ist jemand am Telefon für dich.“ „Du siehst heute wunderschön aus, Liebling.“ Sagen Sie jedoch zu Ihrem Kind: „Hast du Lust, dieses Buch zu lesen, Tobias?“ oder „Schau dir mal diese Bilder an, Dana“, weiß Ihr Kind, daß Sie zu ihm sprechen – und nur zu ihm! Ein Kind lernt seinen Namen, indem es immer wieder mit ihm angesprochen wird, und je öfter es ihn hört, um so besser wird es sich mit ihm identifizieren.

## *„Kosenamen“ können auch verletzten*

Ich lernte einmal einen kleinen Jungen kennen, der mit seinen dreieinhalb Jahren noch immer dachte, er heiße Bubi-Bu. Noch schlimmer ist es, wenn Eltern ihr Kind gedankenlos mit etwa „mein kleines Äffchen“, „mein kleiner Teufel“ oder „mein kleines Ungeheuer“ ansprechen. Sind das doch genau die Wörter, die Fünfjährige ihren Spielkameraden an den Kopf werfen würden, wenn sie wütend sind! Es ist durchaus möglich, daß ein älteres Kind die Bedeutung der Wörter wirklich begreift, das Bild verinnerlicht und sehr darunter leidet. Eine zweiundvierzigjährige Mutter erinnerte sich noch immer mit einem unangenehmen Gefühl daran, daß ihr Vater sie „kleiner Stinker“ genannt hatte. Sie war vier Jahre alt gewesen, als sie diesen Namen bekommen hatte: Aus ihrem Höschen war ein strenger Geruch aufgestiegen und ihr Vater hatte daraufhin lachend gesagt: „Puh, das war aber mal ein Stinker. Du bist mein kleiner Stinker!“ Wenn Eltern einmal versuchen, sich zu erinnern, wird ihnen wahrscheinlich mehr als eine Situation einfallen, die ihnen peinlich gewesen ist oder in der sie sich gedemütigt fühlten, weil jemand sie mit einem „Kosenamen“ bedachte. *Wenn Sie sich daran erinnern können, wird sich Ihr Kind auch daran erinnern!*

### *„Kosenamen" können Ihr Kind dazu bringen, sich wie ein Baby zu benehmen*

Ihre Einstellung und der Ton, mit dem Sie den Vornamen Ihres Kindes aussprechen, kann für ein Kind angenehmer sein und ihm weit liebevoller erscheinen, als jeder Kosename. Außerdem fördert dies ein reiferes Benehmen. Wenn Sie jedoch in Babysprache mit Ihrem Kind sprechen, animieren Sie es auch zu dem entsprechenden „Babyverhalten". Tatsächlich fallen viele Kinder, die mit solchen „Baby-Namen" angesprochen werden, auch wieder in die Rolle eines kleinen Kindes zurück. Solche Kosenamen sind also ganz der natürlichen Entwicklung gegenläufig. Es hat ja das starke Bedürfnis, unabhängig von Mama, Papa oder anderen Familienmitgliedern zu sein.

### *Sogar so mancher Erwachsene kann da in die Luft gehen*

Manchmal beobachtet man, daß Erwachsene, die nicht besonders selbstsicher sind, darauf beharren, nur mit ihrem richtigen Namen angesprochen zu werden. Sie fühlen sich respektlos behandelt oder gar angefeindet, wenn Familienmitglieder oder auch Fremde Sie mit Kosenamen ansprechen. Werden sie beispielsweise von einer Bedienung in einem Lokal gefragt: „Kann ich dir noch etwas bringen, Süßer?" könnte die knappe Antwort möglicherweise so ausfallen: „Ja bitte ... eine andere Bedienung!"

---

***Den eigenen Namen respektvoll ausgesprochen zu hören, hat Einfluß darauf, wie ein Kind sich selbst wahrnimmt.***

---

# Zehntes Kapitel: Eine Sache des Vertrauens

Vertrauen zu Ihrem eigenen Kind aufzubauen, basiert auf den gleichen Prinzipien wie Vertrauen zu Freunden, Arbeitskollegen oder zum Partner. Es basiert auf Ehrlichkeit, Offenheit und Sicherheit sowie Handlungen, deren Basis das gegenseitige Verständnis ist. Auch wenn sich das sehr gewichtig für eine so alltägliche Angelegenheit wie die Eltern-Kind-Kommunikation anhört, bestimmen diese Faktoren den elterlichen Zugang zu dem Kind.

Kinder sind in hohem Maße belastbar und zu Verantwortung in der Lage, wenn sie auf wirklich ehrliche Weise mit einbezogen werden. In den meisten Fällen registrieren Kinder ganz intuitiv, wann sie manipuliert oder getäuscht werden. In anderen Fällen, wenn sie zum Beispiel zunächst glaubten, was man ihnen erzählt hat, und erst später herausfinden, daß es sich nicht um die Wahrheit handelt, verzeihen sie dies zwar meistens – doch vergessen wird eine solche „Lüge" nicht so schnell. Auch wenn es unpopulär ist, das zu sagen: Der eigentliche *Beweis für ein Vertrauensverhältnis* zwischen Ihnen und Ihrem Kind läßt sich von der Anzahl der Fälle ableiten, in denen das Kind auf das hört, was Sie ihm sagen.

Auch wenn es unpopulär ist, das zu sagen: Der eigentliche *Beweis für ein Vertrauensverhältnis* zwischen Ihnen und Ihrem Kind läßt sich von der Anzahl der Fälle ableiten, in denen das Kind auf das hört, was Sie ihm sagen.

Viele der heutigen populärwissenschaftlichen Psychologiebücher werden Sie zu überzeugen versuchen, daß langanhaltende Perioden (drei bis fünf Monate lang) ständigen Widerspruchs, von Wutanfällen und generell ziemlich „wüstem" Benehmen ganz normal, aber lediglich eine vorübergehende Phase sind. Bis zu einem gewissen Grad trifft das natürlich auch zu. Mit größerer Wahrscheinlichkeit aber sind dies die Anzeichen von Konflikten! Versuchen Sie, wann immer es geht, darauf zu verzichten, Tricks oder Täuschungen anzuwenden, wenn Sie Ihr Kind zu einer bestimmten Handlungsweise bewegen wollen oder ihm etwas erklären. Auch wenn er oder sie nicht auf Sie hört, nachdem Sie eine ehrliche Antwort gegeben haben, so haben Sie doch eine wichtige Botschaft weitergegeben und nicht gegen Ihre eigene Überzeugung verstoßen.

Solche Tricks können kleine, scheinbar unbedeutende Begebenheiten sein, wie zum Beispiel dem Kind zu empfehlen, doch ein wenig von dem Reis zu versuchen, wenn es sich in Wirklichkeit um Bohnen handelt. Oder vielleicht sagen Sie zu Ihrem Sohn oder Ihrer Tochter, Sie könnten gerade nicht mit ihm beziehungsweise ihr spielen, weil Sie sich im Moment nicht wohl fühlen, und Minuten später sieht das Kind Sie durchaus lebhaft im Haus herumfuhrwerken. Ein anderes Mal versuchen Sie vielleicht, durch Täuschung seine Aufmerksamkeit von einer Sache abzulenken – anstatt es direkt bei seiner Neugier zu packen: „Papa, was ist das?" „Och ... das ist nichts Besonderes, Tobias – schau mal hier drüben, *dieses* Buch!"

Dies scheint mir ein günstiger Augenblick zu sein, einmal wieder darauf zu verweisen, wie wichtig jederzeit die richtige Wahl der Worte ist: „Ich weiß, daß du das Richtige machen wirst, David" oder „Ich weiß, daß du es besser weißt, Johanna". *Man sollte Kindern immer zeigen, daß man überzeugt ist, sie werden das Richtige tun (auch wenn das nicht der Fall ist). Auf lange Sicht wird sich dies positiv auswirken.* Manche der heutigen populären Psychologiebücher verraten eine Menge „Tricks", wie Kinder dazu gebracht werden können, zu tun, was ihre Eltern wollen. Das Problem dabei ist jedoch, daß das Kind getäuscht wird und zudem etwas getan wird, das ein Kind schnell durchschaut. Die Ironie des Ganzen dabei ist, daß hierbei oft nicht die Kinder die Getäuschten sind, sondern vielmehr die Eltern, die nämlich davon überzeugt sind, daß ihre Methoden auch funktionieren!

### *Täuschen Sie sich nicht selbst*

Ein kleiner Junge, fast zwei Jahre alt, fing an, seine Mutter jedes Mal beim Wickeln zu fragen, ob er sich seinen Stuhlgang anschauen dürfe. Die Mutter, die nicht recht wußte, wie sie mit dieser Frage umgehen sollte, antwortete ihm: „Nein, das ist nichts zum Spielen für Beni." Beni hatte allerdings nicht darum gebeten, mit seinem Stuhlgang spielen zu dürfen – er hatte ihn sich nur ansehen wollen. Beni wurde ungeduldig und quengelig auf dem Wickeltisch und machte es seiner Mutter beinahe unmöglich, ihn fertig zu wickeln.

Am nächsten Tag war der Windelwechsel sowohl für Beni als auch für seine Mutter eine sehr nervenaufreibende Angelegenheit. Noch am gleichen Nachmittag suchte seine Mutter ihre Buchhandlung auf und erwarb ein Buch über die „schwierigen Zweijährigen". Unter der Überschrift „Tricks, die helfen" erfuhr sie dann einiges über entsprechende Techniken. Als Beni am nächsten Morgen eine neue Windel brauchte, fragte er wieder, ob er seinen Stuhlgang sehen dürfe. Die Mutter wandte sogleich den angelesenen Rat an, um ihren Sohn zu beruhigen und abzulenken; sie sagte: „Später. Ja, später werden wir ihn uns ansehen", schaltete dann sofort den Kassettenrecorder in seinem Zimmer an und sang sein Lieblingslied. Um es kurz zu machen: Es funktionierte! Während der nächsten Wochen lenkte sie Beni immer ab, während sie ihn wickelte, und er fragte *nie wieder* nach seinem Stuhlgang. Benis Mutter war so froh darüber, den richtigen Weg gefunden zu haben, daß sie darüber vollkommen die Gefühle ihres Sohnes vernachlässigte. Doch Sie können sicher sein, daß Beni nichts vergißt! Er wird drei Gefühle in Erinnerung behalten, die ihm auch *bewußt* sein werden:

Meine Neugier ist nicht wichtig.
Meine Fragen sind nicht wichtig.
Ich bin nicht wichtig!

Die Mutter hat in diesem Fall sowohl die Gefühle ihres Sohnes, als auch seine Gedanken vollkommen außer acht gelassen. Obwohl es durchaus richtig ist, daß Kinder oft einfach nur Unfug machen, wollen sie doch ernst genommen werden, während sie lernen und Spaß haben. Denken Sie also daran: Auch wenn es Ihnen manchmal gelingen sollte, Ihr Kleinkind auszutricksen, geschieht dies doch um einen hohen Preis!

Konstante negative Kritik oder Drohungen werden bei Kindern folgende Reaktionen hervorrufen: Entweder rebellieren sie einfach weiterhin, oder aber sie werden schließlich nachgeben und eingeschüchtert gehorchen. Sobald das passiert, werden Sie Ihre Erziehungsmethoden für gelungen halten – aber damit täuschen Sie sich selbst! Was Ihnen in diesem Moment nämlich verloren geht, ist das Vertrauen Ihres Kindes. Ein Beweis für diesen fortschreitenden Vertrauensverlust ist, daß Ihr Kind einfach konstant ignoriert, was Sie ihm sagen. Ein wesentlicher Aspekt, wie dieses Vertrauen wieder zurückzugewinnen ist, ist der, die kindlichen Gefühle zu berücksichtigen und sich ausreichend Zeit zu nehmen, die eigenen Worte überlegt einzusetzen. „Andy ist böse, und Papa versteht das. Wir werden später mit allen deinen Freunden wiederkommen. Wir werden mit dem gleichen Auto fahren und die gleiche Strecke nehmen, um herzukommen." Ihr Tonfall sollte dabei gleichmäßig bleiben, und die Vorschläge sollten leicht verständlich formuliert sein. Die Versuchung, lauter zu sprechen und kompliziertere Sinnzusammenhänge zu konstruieren ist in solchen Situationen sehr groß. Alle Eltern sind der Überzeugung, Ihr Kind verstünde schon, was sie meinen. *Kinder setzen Zeit mit Vertrauen gleich.* Eine bekannte Geschichte von Charles Dickens enthält eine wichtige Botschaft für Eltern: *Die Weihnachtsgeschichte* lehrt uns, daß es unmöglich ist, unsere Vergangenheit nachzuholen. Diese Erzählung macht die Bedeutung unserer gegenwärtigen Handlungen besonders deutlich. Wie für Ebenezer Scrooge, kommt auch für uns die Zeit, in der wir uns mit den Augen der anderen ansehen müssen, und – am wichtigsten *mit den Augen unsere Kinder*.

Kinder setzen Zeit mit Vertrauen gleich.

Manchmal ist es recht schwierig zu erkennen, daß wir gerade einen Schaden anrichten, sind wir doch in unserem Innersten überzeugt, nur das Beste zu tun. Eltern mögen viel von ihrem eigenen Erziehungsstil halten – doch manchmal berauben sie ihre Kinder geradezu ihrer natürlich angelegten geistigen Fähigkeiten. „Nein, Lars! Wie oft muß ich dir noch sagen, daß du das nicht tun sollst?" „Nein, Anna, laß mich das lieber machen."

Oder Eltern schreiten viel zu schnell ein und verhindern so jede Möglichkeit des Kindes, sich selbst zu regulieren. Der Vater oder die Mutter unterbricht eine Aktivität zu früh mit einem warnenden „Na, na, na!" Dies signalisiert mangelndes Vertrauen und vermittelt die Botschaft, daß das Kind sich von allein nicht bremsen könne. Selbst wenn Sie davon überzeugt sind, daß Ihr Kind über die Stränge schlagen wird, ist es auf Dauer besser, es einmal zu lassen, als zu schnell einzugreifen. Die Kinder werden den Respekt, den Sie der Wahl ihres Verhaltens entgegenbringen, wahrnehmen. Sie werden dadurch lernen, Konsequenzen leichter zu akzeptieren, denn sie wissen: Das gewählte Verhalten war ihre eigene Entscheidung! Auf lange Sicht wird dieses Wissen ihr Gewissen und die Fähigkeit zur Selbstbeherrschung stärken.

Es ist wie in jeder Beziehung, in der es um Vertrauen geht: Einer muß immer der erste sein, der dieses Vertrauen entgegenbringt. Zwischen Eltern und Kindern muß es immer der Erwachsene sein, der zuerst sein Vertrauen und seine Loyalität anbietet. Kevin war gerade fünf Jahre alt, als er zu seinem Vater sagte: „Nein, ich werde Katie nicht mit meinem neuen Computerspiel spielen lassen! Wenn du mich dazu zwingst, werde ich es ihr sofort wieder wegnehmen, wenn du aus dem Zimmer bist." Sein Vater entgegnete: „Ich glaube nicht, daß du das tun wirst." „Warum nicht?" fragte Kevin, und sein Vater antwortete ihm: „Ich vertraue dir, Kevin. Du wirst die richtige Entscheidung treffen." Auf diese Weise vermittelte Kevins Vater deutlich die Botschaft: Ich respektiere dich; ich vertraue dir; ich traue meinem Sohn Kevin zu, daß er richtig handelt.

---

*Vertrauen ist ein Vorgang, der sich*
*Tag um Tag aufbaut.*
*Einem Kind Vertrauen entgegenzubringen,*
*stärkt sein Gewissen.*
*Ein Kind wird dann lernen zu vertrauen,*
*wenn es sich nicht verurteilt fühlt.*

---

## *Elftes Kapitel: „Sag es noch einmal"*

Ohne die Hilfe der Eltern und ihre Geduld, die *Kunst der Wiederholung* zu üben, wird ein Kind nicht so schnell oder richtig lernen. Wenn Sie die gleichen Worte wiederholen, vermitteln Sie Kenntnis und gleichzeitig Verständnis und Freundlichkeit. Wenn das für Sie zutrifft, befinden Sie sich bereits auf dem richtigen Weg zu ausdauernder Geduld. Wiederholen heißt: „etwas noch einmal machen; etwas noch einmal sagen". Ein Mangel an Wiederholung wiederum hat einen Mangel an kindlicher Leistung und Motivation zur Folge. Ralph Waldo Emerson sagte: „Natur ist die endlose Kombination von Wiederholungen einiger weniger Gesetze." Sie merken, daß diese Prinzipien richtig sind, wenn Sie eine Fremdsprache erlernen, eine Sportart ausüben oder ein Musikinstrument spielen. Diejenigen, die wiederholen und wiederholen und wiederholen, werden *sich herausheben.*

Alle Eltern sind sich darin einig, daß ihr Kind emotionale Reife erlangen sowie Geduld, Selbstmotivation, Großzügigkeit und Mitgefühl lernen soll. Während sie sich vielleicht nicht alle darin einig sein werden, welche Methoden am besten zu diesem Ziel führen, so werden sie doch alle darin übereinstimmen, daß *Wiederholungen* eine große Rolle spielen. Warum also fangen so viele Eltern ganz ruhig an, während sie ihrem kleinen Kind sein Fehlverhalten auseinandersetzen und verlieren bereits Minuten später die Geduld und werden laut? Selbstkontrolle kann ein Kleinkind nicht innerhalb weniger Tage oder Wochen entwickeln.

Haben Sie Geduld mit Ihrem Kind; geben Sie ihm Zeit, das Gesagte zu verarbeiten und Probleme jetzt zu lösen, damit es nicht später unter den Folgen ungelöster Konflikte zu leiden hat.

Als Erwachsene haben Sie immer wieder die Erfahrung gemacht, daß Sie selbst immer wieder probieren müssen, um Ihr emotionales Gleichgewicht zu finden. Haben Sie Geduld mit Ihrem Kind; *geben Sie ihm Zeit, das Gesagte zu verarbeiten und Probleme jetzt zu lösen, damit es nicht später unter den Folgen ungelöster Konflikte zu leiden hat!* Interessanterweise werden Wiederholungen, die mit Respekt ausgesprochen wurden, nie langweilig oder anstrengend für ein Kind – es kann die gleichen Antworten immer und immer wieder hören. Solche Wiederholungen werden sogar dazu führen, daß es sich sicherer fühlen und ein entspanntes Verhältnis zu seiner Umwelt haben wird.

### *Es gibt nichts, was schon innerhalb von fünf Minuten hilft*

Kleine Kinder warten geradezu auf Widersprüchlichkeiten und Unbeständigkeiten im Verhalten ihrer Eltern. Sie tun dies, um zu testen, ob die Eltern auch fähig sind, die gesetzten Grenzen einzuhalten und/oder sie zu erweitern. Ein Grund, warum Eltern ihren Kindern gegenüber nicht konsequent sind, ist ihre eigene Inkonsequenz sich selbst gegenüber. Mit anderen Worten: Oft wissen wir nicht, wie wir ein „Nein" gegenüber unseren Kindern vertreten können, weil wir es oft genug nicht gegenüber uns selbst konsequent durchhalten können.

Wir werden heutzutage von einer permanenten Informationsflut überschüttet und erwarten augenblickliche

Befriedigung unserer Bedürfnisse. Es scheint, als wäre keine Zeit mehr zur Reflexion, sondern nur noch zur Reaktion vorhanden. Jeder will alles gleich haben – innerhalb weniger Minuten: fast food, entwickelte Fotos, perfekte Körper, beruflichen Erfolg, sogar Liebesbeziehungen. Intuitiv wissen die Menschen eigentlich, daß es keine Fünf-Minuten-Heilmittel für die wirklich lohnenden Dinge im Leben gibt. Und doch glauben wir irrigerweise den Reklameschildern, daß sich beste Resultate innerhalb von Minuten erreichen ließen. Wir müssen dem widerstehen und zu dem zurückkehren, von dem wir intuitiv wissen, daß es funktioniert. *Es gibt keine Abkürzungen für emotionale Prozesse.* Sie können nicht erwarten, eine Sache – einmal angestoßen – für immer zum Laufen gebracht zu haben.

---

***Es gibt keine Fünf-Minuten-Methoden. Es mag manchmal bis zu fünf Monate dauern, bis dauerhafte Resultate sichtbar werden. In Anbetracht des Gewinns für die emotionale Entwicklung Ihres Kindes ist diese Zeitspanne jedoch nicht viel länger als ein Lidschlag.***

---

# Zwölftes Kapitel: Zusammenfassung: Praktische Tips

Die Erkenntnis, daß kleine Kinder weitaus mehr verstehen, als wir zuweilen wahrnehmen, ist nicht neu. Und doch zeigen viele Reaktionen von Eltern, daß sie diese Überlegung allzuoft ignorieren. Oft läßt sich beobachten, daß Eltern sich im Beisein der Kinder über sie so unterhalten, als wären diese gar nicht anwesend.

> Mein Ziel ist es, Eltern praktische Lösungen anzubieten und aufzuzeigen, welche alternativen Möglichkeiten es gibt, mit seinen Kindern zu kommunizieren und Vertrauen in der Eltern-Kind-Beziehung aufzubauen.

Ich hoffe, es ist mir gelungen, einige Mythen über das, was als „normale Probleme“ in der kindlichen Entwicklung angesehen wird, aufzudecken und durch Lösungsvorschläge zu ersetzten, die auf gesundem Menschenverstand beruhen und dazu führen, daß Kinder sich frei äußern und Selbstkontrolle lernen können.

Einem Kind beizubringen, sich gefühlsmäßig der Umgebung anzupassen, sollte nicht mehr länger als ein automatischer Prozeß angesehen, sondern als ein erlerntes Verhalten verstanden werden. Der Psychologe und Autor Daniel Goleman zerstört den Mythos von 1960, daß der wichtigste Faktor, was den Erfolg und die Zufriedenheit eines Individuums angeht, der Intelligenzquotient sei. Gestützt auf wissenschaftliche Untersuchungen argumentiert er, daß die „emotionale Intelligenz“, die Selbstkontrolle, Ausdauer, Temperament und die Fähigkeit, sich selbst zu motivieren, beinhaltet, erlernt werden kann. Laut Goleman „werden diese Fähigkeiten Kindern eine weitaus bessere Chance einräumen, ihr intellektuelles Potential, das die genetische Lotterie ihnen bei ihrer Geburt zugeteilt hat, zu nutzen." Seine Vorstellung von dem, was Intelligenz ausmacht, stellt die Emotionen in das Zentrum aller Begabungen, die für die „Lebensbewältigung" wichtig sind.

Manchmal scheint es unmöglich, sich an alles erinnern zu wollen, was wir bezüglich idealer Erziehungsmethoden gelesen oder gehört haben. Falls Sie jemals die Orientierung verlieren sollten – fragen Sie sich selbst „Spreche ich *respektvoll* mit meinem Kind? Gebe ich ihm die Freiheit, all seine Gefühle auszudrücken?" Es kann gar nicht genug betont werden, wie wichtig es ist, den gegenseitigen Respekt zwischen Eltern und Kindern in den Mittelpunkt der Erziehung zu stellen.

### *Babys*

Bevor wir uns in die Freiheit und den Bewegungsdrang unseres Babys einmischen, sollten wir uns daran erinnern, daß ein zu früh ausgesprochenes „Nein" den Tatendrang und die Neugier des Kindes im Keim ersticken kann. Machen Sie aus einem kurzen Augenblick kein unnötig großes Aufhebens. In den ersten fünfzehn Monaten durchläuft das Kind seine früheste Erkundungsphase und entdeckt seine Fähigkeit zu experimentieren. Frühes Bestreben, in eine bestimmte Richtung krabbeln zu wollen, sind die ersten Anzeichen von Selbstmotivation und sollten nach Möglichkeit nicht unterbrochen werden.

### *Kleinkinder und etwas ältere Kinder*

- Kleinkinder und Kinder mögen vielleicht nicht immer gehorchen – aber sie hören fast immer zu. Wählen Sie Ihre Worte sorgfältig. Dies ist der entscheidende Punkt in der Ausbildung von gegenseitigem Respekt und Vertrauen.
- Geduld und die richtige Einstellung sind das Wichtigste im elterlichen Verhalten. Denken Sie daran: Jetzt bilden sich die geistigen Fähigkeiten heraus. Konzentrieren Sie sich stärker auf das Benehmen des Kindes und nicht ausschließlich auf seine Intelligenz.
- Vermeiden Sie Babysprache. Denken Sie daran, ermutigend mit Ihrem Kleinkind zu sprechen.
- Helfen Sie Ihrem Kind, seine Identität herauszubilden: Nennen Sie es bei seinem Vornamen und nicht beim Kosenamen.
- Reden Sie niemals in Gegenwart eines Kindes über das Kind.
- Wenn Sie ein Kind korrigieren oder zurechtweisen müssen, beschämen Sie es dabei nicht.
- Versuchen Sie nicht, Ihrem Kind den Wert des Teilens vor dem Alter von etwa zwei Jahren beizubringen. Sie sollten sich vielmehr bemühen, das Kind etwas über seine Gefühle zu lehren, indem Sie seine Handlungen, ebenso wie seine emotionalen Äußerungen reflektieren: „Robert möchte mit dem Spielzeug ganz alleine spielen" oder „Katie ist böse auf Papa".
- Sagen Sie niemals einfach „nein". Vergessen Sie nicht, dazu zu sagen: „Ich weiß, daß du es besser weißt". Das fördert Selbstvertrauen.
- Äußern Sie nicht einfach „Nein"-Aufforderungen. Räumen Sie Wahlmöglichkeiten ein.
- Erlauben und akzeptieren Sie den freien Ausdruck aller Gefühle. Denken Sie daran: Wenn sich Kinder wohl

fühlen, handeln sie auch richtig. Schlagen Kinder zu sehr über die Stränge, sollten Sie nicht die Selbstkontrolle verlieren. Ihre Selbstkontrolle ist das, was von den Kindern registriert wird! Letztlich ist dies die Art, wie Kinder lernen, ihre eigene Selbstkontrolle aufzubauen.

- Ignorieren oder vernachlässigen Sie niemals die Gefühle oder Phantasien eines Kindes. Sagt es etwas, was Ihnen nicht gefällt, antworten Sie niemals mit einem: „Das meinst du doch nicht im Ernst so." Sagen Sie statt dessen: „Das hört sich an, als ob ..." oder „Du meinst, du wünschst dir ..."
- Erlauben Sie das Ausdrücken von Gefühlen – ganz nach dem Motto: „Vögel fliegen, Fische schwimmen, und Kinder fühlen." (Ginott) Das bedeutet nicht, daß Sie jedes Verhalten akzeptieren müssen; es heißt nur, alle Gefühle zuzulassen.

---

*Seien Sie Ihrem Kind darin Vorbild,*
*wie das richtige Verhalten auszusehen und*
*sich anzuhören hat.*
*Seien Sie aufrichtig. Seien Sie authentisch.*
*Seien Sie respektvoll.*

---

# Anhang: Schlüsselkonzepte auf einen Blick

**Die sieben Schritte-Methode, um „Nein“ zu sagen**

Seien Sie so aufrichtig, entschieden und fest wie möglich, wenn Sie Ihrem Kind etwas abschlagen oder verbieten müssen. Bleiben Sie dabei, die Wahlmöglichkeiten am Schluß zu wiederholen und zu betonen.

1. Bekräftigen Sie die Frage: „Ja, Alex, du möchtest gerne hinaus gehen.“ (Sagen Sie dies zweimal.)
2. Geben Sie Fakten: „Es regnet. Das Papierflugzeug wird ganz naß werden, und dann sind die Flügel zu schwer zum Fliegen.“ (Sagen Sie dies zweimal.)
3. Bestätigen Sie Gefühle: „Ich weiß, daß du sauer bist. Ich sehe, daß du böse auf mich bist.“ (Sagen Sie dies zweimal.)
4. Gestatten Sie in der Phantasie, was Sie in der Realität nicht zugestehen können: „Du wünschst dir, es würde aufhören zu regnen, und wir könnten zum Spielen nach draußen gehen. Du wünschst dir, es wäre heiter und sonnig draußen. Das wünsche ich mir auch!“ (Sagen Sie dies zweimal.)
5. Demonstrieren Sie etwas – wo es möglich ist: „Schau, Alex – fühl den Regen da draußen.“ (Öffnen Sie die Tür, und zeigen Sie dem Kind den Regen – zweimal) „Schau, was passiert, wenn das Papierflugzeug naß wird.“
6. Zeigen Sie Vertrauen: „Ich weiß, daß du das verstehst, Alex.“ (Sagen Sie dies zweimal oder noch öfter – immer mit dem Namen Ihres Kindes.)
7. Stellen Sie Wahlmöglichkeiten zur Verfügung: „Du kannst in deinem Zimmer spielen oder in der Küche bleiben. Du hast die Wahl. Du kannst es dir aussuchen.“ (Sagen Sie dies zweimal)

**„Gehen“ Sie nicht einfach irgendwo hin – „besuchen“ Sie diesen Ort**

Wir vermitteln Kindern, daß wir Freizeitparks *besuchen* können, die Spielbuden und Karussells aber nicht mit nach Hause nehmen können. Wir *besuchen* einen Park, können aber die Spielplatz-Ausstattung nicht mit nach Hause nehmen. Wir *besuchen* andere Leute und nehmen ihre Möbel und ihr Spielzeug nicht mit nach Hause. Warum also sollten wir nicht genauso ein Spielzeuggeschäft *besuchen* und auch hier das Spielzeug im Laden stehenlassen, statt es mit nach Hause nehmen?

Es ist ratsam, Ihrem Kind, kurz bevor es Zeit ist zu gehen, ein paar Minuten als Vorbereitung einzuräumen – manchmal auch mehrere Male – damit es sich auf den Abschied einstellen kann. So könnten Sie zum Beispiel sagen: „Wir müssen in drei Minuten gehen, Tobias." Wenn diese Zeit um ist, sagen Sie: „Unsere Zeit ist um, es ist Zeit, zu gehen. Wir müssen jetzt gehen, Tobias, wir sind hier nur *zu Besuch* … wir machen nur einen *Besuch*. Ich weiß, daß du das verstehst. Wir werden bald wiederkommen und wieder einen Besuch machen. Alles wird noch genauso sein wie jetzt. (Pause und auf eine Reaktion warten.) Ich weiß, daß du dir *wünschst*, du könntest das Rennauto mit nach Hause nehmen. Du würdest gerne den ganzen Spielzeugladen mit nach Hause nehmen. Heute besuchen wir den Laden. Aber jetzt ist es Zeit zu gehen."

Etwa nach drei bis vier Monaten, in denen solche Ausflüge *Besuche* genannt worden sind, wird Ihnen das Kind vertrauen und seine Reaktionen werden positiver ausfallen. Das Wort *besuchen* impliziert die Vorstellung, daß teilen, spielen und „irgendwo-hin-gehen" nicht gleichbedeutend ist mit *„etwas bekommen“*.

**Das Kind darauf vorbereiten, daß man gehen muß**

1. Geben Sie im Voraus eine gewisse Zeitspanne an. Genausowenig wie Erwachsene mögen es auch Kinder nicht, wenn sie mitten aus einer Sache, die ihnen Spaß macht oder die sie interessiert, abrupt herausgerissen werden. Indem Sie dem Kind vorab ein Signal geben, zeigen Sie ihm, daß Sie seine Zeit ebenso wertschätzen, wie Ihre eigene. Zusätzlich räumt es ihm genügend Zeit ein, um sein „Limit" zu akzeptieren.
2. Durch die ständigen Wiederholungen bei der Lektion *Besuche machen*, rücken Sie genau diese Erfahrung in den Mittelpunkt. Das Kind lernt auf diese Art, seine Zukunftserwartung (zum Beispiel in bezug auf den Spielzeugladen) zu verändern.
3. Indem Sie Ihrem Kind in der Phantasie geben, was in der Realität nicht möglich ist („Ich wünschte auch, du könntest das Rennauto mitnehmen"), zeigen Sie dem Kind Ihr Verständnis. Das mildert seine Frustration und unterstützt die Kooperationsbereitschaft.
4. Gestatten und akzeptieren Sie *alle* Gefühle Ihres Kindes, indem Sie widerspiegeln, wie es sich fühlt.
5. Denken Sie daran: Langsame und „aufrichtige" Wiederholung ist im Kommunikationsprozeß sehr wichtig. Zusätzlich wird es Ihrem Kind noch eine Hilfe sein, sich zu beruhigen.

**Vier Gründe, warum ein „Ich weiß, daß du das verstehst" besser ist als ein „Nein"**

Versichern Sie sich zunächst, daß Sie Ihre Gründe ausreichend erklärt haben, und daß Sie ganz sicher sein können, Ihr Kind hat alles verstanden, bevor Sie sagen: „Ich weiß, daß du das verstehst."

1. Sie drücken Ihrem Kind gegenüber *Respekt* aus, wenn Sie ihm sagen, daß Sie ihm zutrauen, etwas schon besser zu wissen.
2. Eine solche Behandlung erlaubt Ihrem Kind, sein Fehlverhalten zu überdenken, ohne eine Bestrafung befürchten zu müssen. Dies wird die Entwicklung seines Gewissens fördern.
3. Sie vermitteln Ihrem Kind mit dieser Art von Kommunikation, es habe die *Intelligenz* zu verstehen.
4. Sie setzen das Vertrauen in das Kind, daß es in der Lage ist, das eigene Fehlverhalten zu korrigieren.

**Fünf Gründe, warum es besser funktioniert Tatsachen zu nennen, als nur „nein" zu sagen**

1. Es ermöglicht Ihrem Kind, durch eigenes Nachdenken eigene Antworten zu finden und eigene Schlußfolgerungen zu ziehen.
2. Es lenkt die Betonung von der Wahrnehmung und dem Gefühl, die Eltern wären ungerecht und unsensibel, ab.
3. Es macht die Eltern nicht zum „Boten" für das Wort „nein".
4. Es zeigt Achtung vor der kindlichen Fähigkeit zu verstehen.
5. Es reduziert Gefühle des Ärgers auf seiten des Kindes.

## Kinder, Kinder!

Nancy Fuchs
**Sonne für die Kinderseele**
Spiritualität im Alltag
Band 5501

Mit Kindern wachsen! Der Alltag ist nicht nur Versorgen, Ermahnen, Anstrengung und Erschöpfung. Ein Buch mit vielen Anregungen für Eltern, denen es auch um die Seele ihrer Kinder geht.

Walter Pacher
**Wenn Kinder ihre Macht erproben**
Freiheit lassen und Grenzen setzen
Band 4793

Machtkämpfe in der Familie müssen nicht sein. Der erfahrene Gordon-Trainer zeigt, wie es ohne Niederlagen geht.

Dorothy Law Nolte/Rachel Harris
**Heute schon dein Kind gelobt?**
19 gute Regeln für Eltern
Band 4790

Kinder lernen, was sie erleben und erfahren. Mit positiven Signalen geben Eltern ihren Kindern Ermutigung, Selbstvertrauen und klare Orientierung.

Ursula Henn
**So kann mein Kind sich besser konzentrieren**
Übungen und Hilfen für Schulkinder
Band 4785

Übungen, die Streß abbauen und zu innerer Ausgeglichenheit führen – und damit Aufmerksamkeit und Konzentrationsfähigkeit steigern.

Gisela Preuschoff
**Was Mutter und Kind gut tut**
Entspannen und verwöhnen
Band 4784

Einfach das Zusammensein genießen – mitten in der Alltagsroutine und im Familientrubel. Mal nicht ‚erziehen", sondern es sich gemeinsam so richtig gutgehen lassen …

**HERDER spektrum**

Theo u. Julitta Schoenacker
**Die Kunst, als Familie zu leben**
Ein Erziehungsratgeber nach Rudolf Dreikurs
Band 4782

Kinder sind von klein an ernstzunehmende soziale Wesen. Wie man diese Anlagen entdeckt und eine entspannte Beziehung aufbaut, zeigt dieses Buch.

Maria Montessori
**Kinder, Sonne, Mond und Sterne**
Kosmische Erziehung
Herausgegeben von Ingeborg Becker-Textor
Band 4781

Wie Kinder Verständnis für die Ganzheit der Welt entwickeln können, zeigen die Texte der großen Pädagogin.

Uta Brückner/Heike Friauf
**Hausaufgaben – kein Problem**
Wie mein Kind es selber schafft
Band 4775

Mit diesem Buch können Eltern ihre Kinder so unterstützen, daß sie es immer besser schaffen und immer weniger Hilfe brauchen.

Eva Simon
**Wenn die Kinder aus dem Haus gehen**
Mit Geschichten aus dem täglichen Leben
Band 4771

Witzige, treffende, tiefsinnige Geschichten aus dem wahren Leben und weiterführende Kommentare einer betroffenen Mutter und erfahrenen Pädagogin.

Jenny Alexander
**‚Das ist gemein!" – Wenn Kinder Kinder mobben**
So schützen und stärken Sie Ihr Kind
Band 4770

Die Autorin berücksichtigt die praktische und die seelische Seite des Problems ‚bullying" und zeigt kreative und effektive Handlungsmöglichkeiten auf.

Michael Rohr
**Freiheit lassen – Grenzen setzen**
Wie Eltern Sicherheit gewinnen und ihren Kindern Halt geben
Band 4618

Der kompetente Kinderarzt ermutigt Eltern, mit den Kindern zusammen das sensible Gleichgewicht zwischen Freiheit und Begrenzung immer wieder neu zu finden.

Emil E. Kobi/Heidi Roth
**Kinder von Aggressiv bis Zerstreut**
Ein Ratgeber für den Erziehungsalltag
Band 4182

Damit aus einer Kinderzimmer-Mücke kein Elephant wird: überzeugende Vorschläge, die Probleme lösen und Fehlentwicklungen erkennen helfen.

Marianne Arlt
**Pubertät ist, wenn die Eltern schwierig werden**
Tagebuch einer betroffenen Mutter
Mit einem Nachwort von Christine Swientek
Band 4100

Wenn Kinder „in die Jahre kommen", ist der Familienfrieden dahin. Marianne Arlt erzählt von heftigen Erfahrungen und wie man trotzdem ganz gut mit ihnen leben kann.

Allan Guggenbühl
**Pubertät – echt ätzend**
Gemeinsam durch die schwierigen Jahre
Band 5513

Der erfahrene Jugendlichen-psychotherapeut macht Eltern Mut: sie müssen nicht alles regeln und im Griff haben.

Marianne Arlt
**Welt, ich komme!**
Der Pubertät 2. Teil
Tagebuch einer entnervten Mutter
Band 4411

In der 2. Hälfte der Pubertät geht es erst richtig los. Da hilft nur eins: Raus mit den Kids! Denn draußen pulst das wahre Leben, hart, aber gerecht.